JN294450

「昔はよかった」と言うけれど

戦前のマナー・モラルから考える

大倉幸宏

新評論

まえがき

列車に乗るとき、列に並ぶことなく他人を押しのけて車内へ突き進む。列車の中では、立っている人が大勢いても荷物で座席を占有し続ける。そして、高齢者が目の前に現れても席を譲ろうとしない人たち。人目をはばからず化粧をする女性もいる。

公園や道路など、公共の場所にゴミを捨てていく人。周囲に配慮することなくタバコを吸い、その吸い殻をその辺にポイと捨てていく人。そして、公園の花を折って持ち帰ってしまう無節操な人がいる。

図書館の本に書き込みをしたり、公共物に落書きしたりする人もいる。生徒の模範となるべき学校の先生がモラルに反する行為をするかと思えば、信用第一の食品メーカーが偽造ラベルを貼り付けた商品を消費者に売っている。虐待に関しても甚だしい。親が子どもを虐待するだけでなく、子どもが老いた親を虐待している。

いやはや、道徳心に欠ける人たちの行為には目を覆いたくなるばかりです。今挙げた事例について、今日ではとくに珍しいことではない、と認識されている人は多いでしょう。直接目にしたり、あるいはマスコミが流す報道を耳にして、「日本人はなぜこんな風になってしまったのか?」と嘆いている人もいらっしゃるでしょう。新聞・雑誌の投書や世論調査の結果などを見ても、「日本人の道徳心は低下した」と多くの人が感じていることが分かります。同様に、政治家や作家、ジャーナリストらからも、今の日本人の道徳心欠如を憂う声が多く発せられています。

彼らの発言を取り上げた出版物には、「低下」、「劣化」、「幼児化」、「悪化」といったキーワードが踊り、日本の未来を憂える言葉が尽きません。それらの多くでは、昔の日本人は今の日本人に比べて道徳心が高かった、という前提をもとにして論が進められています。ここで言われる「昔」とは、多くの場合「戦前」を指しています。つまり、日本人が伝統的に受け継いできた高い道徳心が、戦後の教育や経済発展のなかで失われてしまったという指摘になっているのです。

でも、この指摘は本当に正しいのでしょうか。そんな疑問が本書の出発点です。戦前の人々は、列車内でも、公園でも、図書館でもルールやマナーを守っていたのでしょうか。戦前の職業人は、モラルが高かったのでしょうか。戦前の日本には、児童虐待や高齢者の虐待はなかったのでしょうか。

そうした疑問を解き明かすべく、本書では戦前の日本人の道徳に関する実態をいくつかのテーマに絞って見ていくことにします。事例として取り上げるのは、明治末から昭和一〇年代にかけての時期です。当時の時代背景にも触れながら、戦前の日本で見られた光景や、過去の日本人の姿を明らかにしていきます。そして、そこから「昔はよかった」という言葉に込められた、今日の日本を悲観する意見がどこまで的を射ているのかを探ります。

なお、本書で引用した文は読みやすさを優先しました。歴史的仮名遣いは現代仮名遣いに、旧字体は新字体に、漢字表記の接続詞や指示代名詞、助動詞などは適宜ひらがなに変換しています。そのほか、難解な表記はひらがなにしたり、ルビを付けたりし、長文には句読点を適宜追加しました。

引用文中には通常とは異なる読み方をさせるルビが一部ありますが、難解なものを除き原文のまま掲載しています。なお、史料の経年劣化などで判読できない文字は「〓《ゲタ》」で表記し、紙面を掲載した記事中の人名は原則としてイニシャルで記載しました。また、引用文中には現在では不適切とされる表現が一部含まれますが、当時の時代背景を伝える史料としての価値を重視し、原文のまま掲載しました。最後に、引用文中の〔　〕内は筆者による補足です。

モラルのタイムトラベル、ご自身を振り返りつつ読んでいただければ幸いです。

もくじ

「昔はよかった」と言うけれど——戦前のマナー・モラルから考える

序 章

道徳が崩壊した戦後の日本

1914年（大正３年）に建設された２代目京都駅構内・切符売場〔昭和初期頃〕（梅寿堂茶舗提供）

戦前の話に入る前に、まず今日の日本の道徳に関する状況から見ていきます。「はじめに」でも述べた通り、道徳心の低下が叫ばれる昨今、各方面から日本人、日本社会を否定的に捉える主張が多くなされています。戦前との比較という文脈で、日本人の道徳が崩壊したと嘆く声は止みません。そうした主張の具体例として、近年の国会においてなされた議員らの発言をいくつか取り上げてみましょう。

まず、二〇〇六（平成一八）年五月二六日、衆議院の教育基本法に関する特別委員会における大前繁雄委員の発言です。

今の日本の国のモラルの低下というのは実に深刻なものがございますので、私は、戦前というのはいろいろ批判されますけれども、モラルという面では非常に水準が高かったと言われております、日本人のモラルというのは。ですから、戦前のことをある程度参考にして、迷ったときは原点に返れといいますから、過去のそういうものを、いい点をとって現在の教育に生かしていただきたいと思います。（国会議事録検索システム　http://kokai.ndl.go.jp 以下同）

次は、二〇〇六（平成一八）年一二月一三日、衆議院の厚生労働委員会での西川京子委員の発言です。

今、子供に何が起こっているのか。もう皆さん、私があえてここでいろいろ指摘するまでもなく、本当に今の毎日のマスコミをにぎわすさまざまな事件の中に、私たちからすると信じられないような、親が子を殺す、子が親を殺す、あるいは子供同士殺し合う。〔中略〕そういう中で、一体これは何なのか。少なくとも、私が子供時代にはなかった。ある程度、そのころまではそういう問題はまずなかったと思われます。やはり日本の社会が変質してきた、さまざまな経済活動の中で豊かになった反面、落ちついた本当に人間本来の生活、人間として、この地球上に生きている人類として、そういうあたり前の、動物の一人である人間としてのそういう力が物すごく弱くなっているのが根本にあるのではないか、そういう思いを持っております。（前掲システム）

二〇〇八（平成二〇）年四月二三日の参議院の国民生活・経済に関する委員会では、小林正夫委員が次のように述べています。

大変余裕がなくて殺伐とした雰囲気の中で、今日の朝のニュースを見ていると、チューリップが折られてしまっただとか、少し前になると、せっかくこれから収穫をしようと思った果物などが結局もぎ取られてしまうという、そういう事件だけ見ると非常に今の世の中少し狂ってきちゃったなと。それと、親が子供を殺したり子供が親を殺したり、そんなようなことが本当に多くの報道がされる今日なんですが。〔後略〕（前掲システム）

同じ委員会で、五月一四日に佐藤公治委員が今日の日本社会について次のように発言しています。

僕は本当に今政治家になってつくづく思うことは、毎日のように痛ましい事件が起こる中、何かやっぱりおかしくなっちゃっている。教育基本法というのができたとき、もう御存じの方々もいらっしゃると思いますが、当時、戦中においては教育勅語というのがあった。親を大事にするとか、お年寄りを大事にするとか、兄弟、家族仲よくしていくということ、当たり前なことが当たり前に書かれていた。ほかの部分では問題があったかもしれません。しかし、そういった当たり前なことをあえて教育基本法に入れる必要はないというので、外して作ったのが教育基本法なんですよね。実際、その外したことが、当たり前のことが今当たり前にできなくなっちゃっている。(前掲システム)

最後にもう一つ、二〇一一(平成二三)年一〇月二七日の参議院の文教科学委員会では、義家弘介委員が教育行政のあり方に関する質問のなかで次のように述べています。

親殺しや子殺し、虐待、そして、例えば親が亡くなったことさえ届け出ずに、その年金を当てにして生活する、そんな事件が相次いで起こっております。日本の根幹あるいは教育というものはどうなってしまったのか。これは多くの人々が感じていることであろうと思います。公共の精神の欠如、そして個人主義に入り込んで、自分さえ良ければいい、とにかく今楽しければいいい、そういった傾向をまさにつくり上げてきたのがこの日教組教育であろうと私は思っております。（前掲システム）

以上の五つの発言を大雑把《おおざっぱ》にまとめると、次のようになるでしょう。

――現代の日本人は道徳心が低く、親殺しや子殺しといった事件も珍しくない。一方、戦前の日本では道徳教育がしっかりなされていたので、こうしたことはなかった。

今日の日本人に関する指摘は、たしかにその通りかもしれません。ただ、比較されている戦前の日本人は本当に道徳心が高かったのでしょうか。今の日本人は、戦前の日本人に比べて本当に道徳心が低いと言えるのでしょうか。

ずっと時代をさかのぼり、戦後間もないころに著されたある書籍の一部を紹介します。やや古い記述なので少々読みづらいかもしれませんが、ここにも戦後の日本の状況に対する嘆きが記されています。

我日本の道徳上の現象を観察して見ると、日露戦争以後大分悪化した形勢があるけれども、今日は中々それどころではない。世界大戦以後は余程ひどくなって来たのである。あの時に比べて見ると十倍もそれ以上も悪化した形勢が見える。日本は元来君子国《くんしこく》と外国から呼ばれた位であって、一体日本の道徳は余程敦厚質朴《とんこうしっぼく》〔人情に厚くまじめ〕と称せられて居《お》ったのであるけれども、近来の日本の道徳はとてもそういう敦厚質朴などという形容詞の附《つ》けられるようなものではない。罪悪も余程ひどくなって来て居る。余程恐ろしい罪悪が多くなって、六人殺とか五人殺とかいうような、一家を鏖殺《おうさつ》するというような罪悪が続々行われて居る。中々凶悪なる犯罪を行う者が社会に多いことは新聞の三面記事を見てわかる通りであるが、あのようになって来るというのは、やはりこの思想の悪化が余程原因を為して居ると思う。すなわち何が善であるか、何が不善であるか、如何《いか》なる事が今日の実行すべき道徳であるか、実行すべからざる道徳であるか、その大事な行為の目的観念に於《お》いて混乱を来《きた》した為に、様々な従来に会て〔ママ〕見ないような聞かないような恐ろしい罪悪が続々起って来るのであろうと思う。

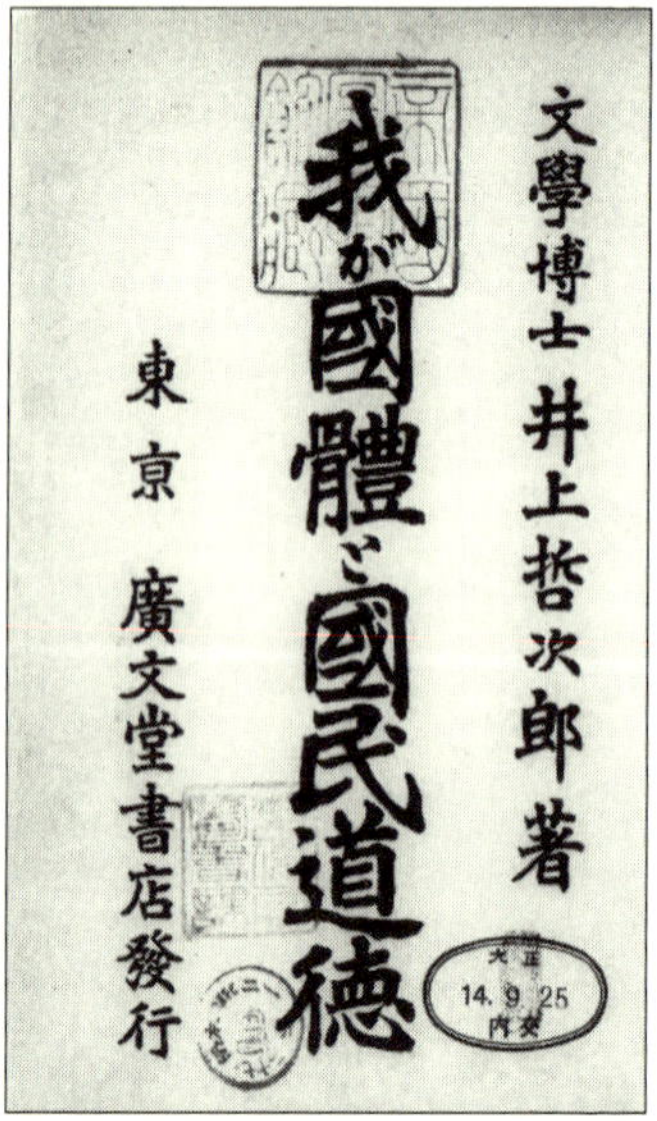

先に紹介した国会議員の発言と、大まかなところで趣旨は同じようです。戦前に比べて、戦後の日本人の道徳心は低下したということです。

実は、文中に出てきた「世界大戦以後」というのは第二次世界大戦後のことではありません。

ここで述べられているのは第一次世界大戦後のことなのです。つまり、道徳上の現象が「ひどくなって来た」と指摘されているのは、第一次世界大戦が終結した一九一八（大正七）年以降のことなのです。現在で言うところの「戦前」です。

このように主張したのは、哲学者の井上哲次郎《いのうえてつじろう》（一八五六〜一九四四）です。東京帝国大学（現・東京大学）で、日本人として初めて哲学の教授になった井上が、一九二五年に著した『我が国体と国民道徳』（三五八〜三五九ページ）の一節なのです。この時期、産業化の進展や大戦にともなう好景気によって社会にさまざまなひずみが生じていました。その結果、井上が指摘するように、人々の道徳心が低下するという現象が起きていたようです。

では、それ以前の日本人は高い道徳心を身につけていたのでしょうか。残念ながら、そうだったとは言えません。

東京大学総長や貴族院議員などを歴任した加藤弘之《かとうひろゆき》（一八三六〜一九一六）は、一九一二（明治四五）年に次のように述べています。

我国道徳の壊頽《かいたい》〔崩れ乱れること〕今日より甚《はなは》しきはあらず。公徳私徳共に紊乱《ぶんらん》〔乱れること〕を極め、社会の風致《ふうち》〔おもむき〕まさに地に墜《お》ちんとするの危機に際し、公徳養成の必要漸《よう》く四方に反響し来《きた》らんとするの風あるは、社会道徳の為大《おおい》に慶《よろこ》ぶべき事と謂《い》うべし。

或《ある》論者は曰《いわ》く、我国民には私徳の観念あれども公徳の思想なしと、余を以《もっ》て之を見るに決して然《しか》らず、すなわち公徳の思想なきにあらずして、公徳の実行壊頽せるのみ。〔中略〕しかるに維新の変革は社会の要素を破壊し、時勢の波瀾は国家の風紀を攪乱《かくらん》して、武士道は廃頽《はいたい》し、孔孟《こうもう》の教《おしえ》〔孔子と孟子の教え〕は避けられ、泰西《たいせい》〔西洋〕の文物之《これ》に代りて輸入せられたるも、泰西の道義は之と同時に移植せられず、遂《つい》に天下を挙げて公徳欠乏風紀紊乱の惨状に陥るに至れり。畢竟《ひっきょう》〔つまり〕我国民の習性浮佻《ふちょう》〔浮ついていて軽はずみ〕にして徒《いたずら》に旧を忌《い》み新を追うの極《きわみ》。自《おのず》から純美なる公徳を有しながら、一朝時勢の変遷と共に之を破壊したるに因《よ》るなり。（讀賣新聞社編『公徳養成之実例』序）

これは、『公徳養成之実例』という本が刊行されるにあたって寄せられた序文の一節です。加藤は、明治維新以後、それまで日本社会にあった秩序や規律が失われ、日本人の道徳は破綻してしまったと述べています。つまり、井上が言及する第一次世界大戦後、もしくは日露戦争以後よりずっと前の時点で、すでに道徳の崩壊がはじまっていたと指摘しているのです。

なお、ここに出てくる「公徳」という言葉は、今はあまり耳にしませんが、当時はよく使われていました。これは、公共の場における道徳を意味する言葉です。今日で言うところの「公共マナー・モラル」に相当します。同じく「私徳」とは、私的な場における道徳のことです。

戦前の道徳に関する状況について述べたものとして、もう一例紹介しましょう。先の二つから時代を下った一九四一（昭和一六）年に書かれたものです。


日本人の道徳生活中最も低級なる方面はといえば一般的には、一般民衆の社会生活訓練の行き届いておらぬことである。すなわち公衆道徳の低級なることである。

名所旧跡神社仏閣等に於《お》いて見るあの落書を思う時、私は全く日本人の教養の程度が計られるような気がする。甚だしきは自己の名が麗々しく書きあげられてある。かかる場所に自己の名を平然と書く所を見ると、日本人は落書を以《もっ》て恥ずべきこととは思っていないらしい。集合の時刻、公衆集会の場所、あらゆる交通道徳、船車内の道徳、公園その他公衆娯楽施設、公共営造物の取扱等について考える時、誠に日本人のその教養というかその生活訓練というかは、低級の地位にあるを慨せざるを得ない。（堀之内恒夫『国民学校　修身教育の根本精神』一七四〜一七五ページ）

こう述べたのは、当時広島高等師範学校附属国民学校で訓導〔教師〕をしていた堀之内恒夫です。堀之内は修身教育の重要性を説くとともに、そのなかで公衆道徳を高めるには実際的訓練が必要であると述べています。落書きの事例以外は具体的に書かれていませんが、繰り返し出てくる「低級」という言葉から、当時の日本人が公共の場でいかなる振る舞いをしていたかはおおよそ見当がつくのではないでしょうか。

ここで挙げたの三人の記述からも分かるように、戦前の日本人の道徳心は決して高くはなかったのです。

ところで、「はじめに」の冒頭に挙げた事例は、今日の日本で起きている事実であることはまちがいありません。ただ、これらは同時に、戦前の日本社会においてもすべて当てはまる事柄なのです。高齢者に席を譲らない若者、車内で化粧をする女性、道端にゴミを捨てていく人、パッケージが偽装された食品、落書きされた図書館の本……一〇〇年前に生きていた日本人も、こうした事例を日々目《ま》の当たりにしていました。

日本人の道徳心は終戦（一九四五年）を境に低下しはじめたのではなく、「もともと低かった」のです。それどころか、今日の日本人のほうが、昔の日本人に比べて道徳的に優れているとさえ言えるのです。その具体的な事柄について、次章以降で繙《ひもと》いていきましょう。

第1章

駅や車内は傍若無人《ぼうじゃくぶじん》の見本市

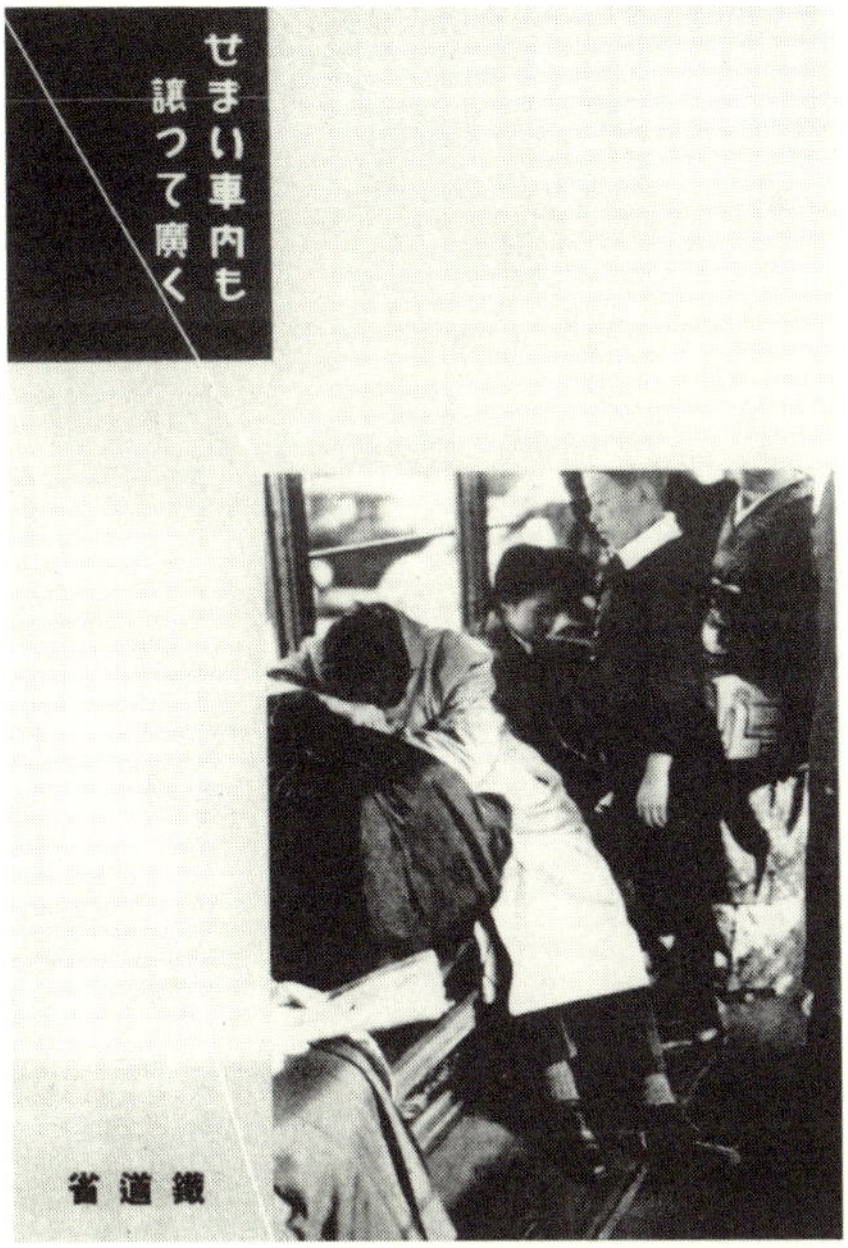

『写真週報』(戦時中に内閣情報部が発行していた週刊誌)に掲載された鉄道省の啓発広告。
写真には、立っている乗客をよそに、座席に大きな荷物を置いて仮眠をとる男性が写っている
『写真週報』68号〔昭和14年6月7日付〕(国立公文書館所蔵・アジア歴史資料センター提供)

秩序が失われた駅の雑踏

改札も相当の時間の余裕を見込んで始めるのでありますから、発車時刻に切迫して到着せられない限り、決して乗り遅れなどをなさる心配はないのであります。それに拘《かか》わらず、この改札の場合も何時《いつ》も大混乱の状態を見ることは、まことに嘆かわしいことであります。横側から飛び出したり、無理無体に他を押しのけたり、衣服を裂《さ》いたり、怪我《けが》をさせたり、まことに見るに堪《た》えない混乱状態を演ずるのが普通であります。その時ふと知人と顔を見合せて、俄《にわ》かに赤面して手をひっこめ、急に「まあお先へ」などと謙遜《けんそん》の態度をとる人などもあります。この謙遜の態度を知人間にのみ止めず、未見未知の方々の間にも推し及ぼすようにして戴《いただ》きたいものであります。（鉄道院『鉄道から家庭へ』四二～四三ページ）

日本で鉄道が開業したのは一八七二（明治五）年のことです。「新橋―横浜」間で営業運転がはじまり、以後、鉄道網は国内各地で整備されていきます。開業当初は履物を脱いで列車に乗る人がいたという逸話があるなど、ラッシュとは無縁ののんびりとした光景が見られました。しかし、鉄道網が整って列車が庶民の足として定着してくると、駅や車内は次第に混雑を来すようになってきます。

先に挙げた文章は、鉄道院(1)が乗客のマナー向上を目的に、一九一九（大正八）年に発行した小冊子に掲載したものです。とくに慌てる必要もないのに、とにかく早く前へ進もうとする人が多かったようです。衣服を裂いたりケガをさせたりするケースがあったことからも、かなり混雑していたと同時に、相当乱暴な人が大勢いたことも分かります。しかし、そこで知人に出くわした人は態度が一変し、自己中心的な行動をしている自らを恥じて赤面すらしてしまう。「ウチ」と「ソト」を使い分ける日本人の姿を象徴する事例と言えるでしょう。

身内や仲間、知人には礼儀正しく、やさしさや思いやりを向ける一方で、見知らぬ人に対しては冷たい態度をとる。「ウチ」と「ソト」を区別する日本人の習性は古くから多くの論者が指摘してきましたが、この点については、本書においてこれから取り上げる他の事例にも大きくかかわってきますので、ふまえておいてください。

混雑を来たしていたのは、もちろん改札口だけではありません。プラットホームも人でごった返していました。各自が思い思いに待っているところに列車が到着します。すると、プラットホームにいた人たちは、整列することなく一斉にドア付近に殺到するのです。

〜〜〜

列車発着の際に於《お》ける乗降客の混雑は常に見る処《ところ》で、乗客の狭き出入口に於《おい》て内より出《い》でんとする者と外より入《い》らんとする者とが同時に先を争い、甚《はなは》しきは乗客と降客とが互いに行

（1）鉄道の国有化にともない、一九〇八年に設置された鉄道行政の中央官庁。一九二〇年に鉄道省に昇格している。

手に立ち塞《ふさ》がり、空《むな》しく押し合うことすらある。（元田作之進『善悪長短日本人心の解剖』一四〇ページ）

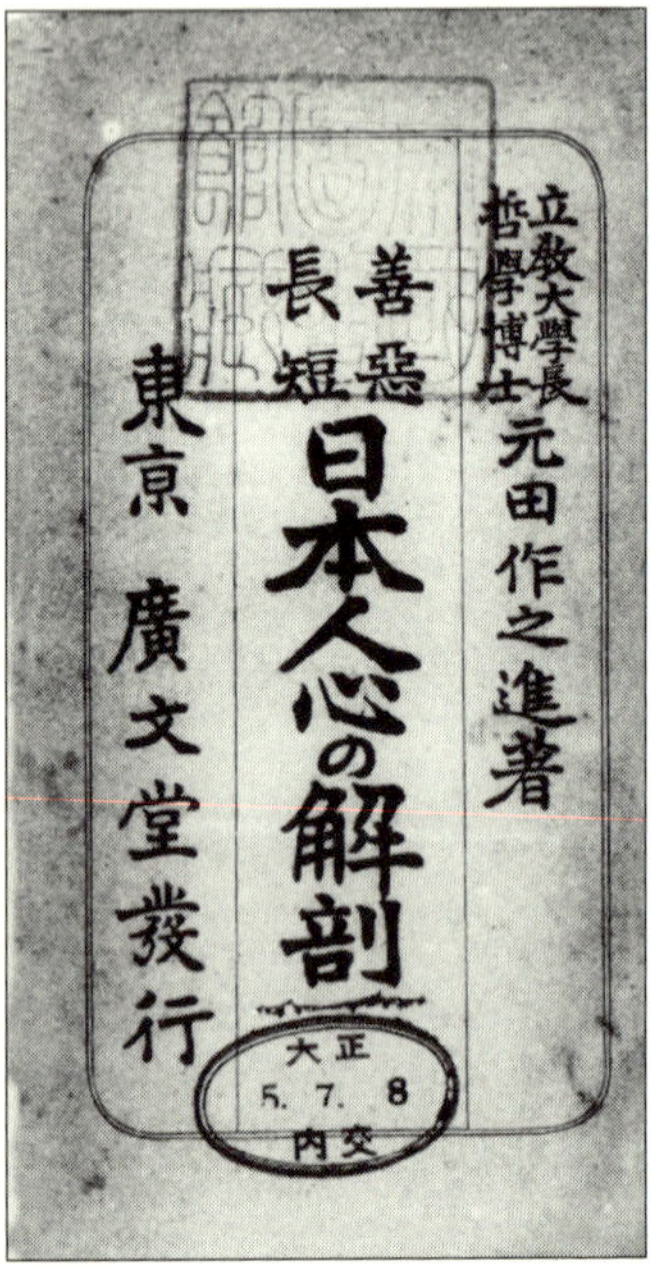

この混雑雑沓《ざっとう》をして一層甚《はなは》だしからしむるものは、乗客の不心得またその一因ならざるを得ず。車内には尚《な》お多数の乗客を容《い》るるに足るの余地あるに拘《かか》わらず、大抵は前後の出口に群集佇立《ちょりつ》して、いかに雑沓するも自ら中部に進むを好まず。一意降車の便利を争うの風あるは、乗客が専《もっぱ》ら自分の勝手のみを考えて他人の便利を顧みざるの不心得に出ずるものと評せざるを得ず。（時事新報(2)・一九二〇年二月一日付）

このころは、降りる人が優先という常識はまだ定着していませんでした。とにかく、周りの人より先に乗り込んで座席を確保したい。ラッシュ時は、降りる駅でスムーズに出られるようにドア近くの場所を確保したい。そんな身勝手な思いが混雑に拍車をかけていたのです。

一九二一（大正一〇）年に鉄道省（旧・鉄道院）が募集した標語に、「一降り　二乗り　三発車」、「押合《おしあ》って　広い入口　ふたするな」といったものがあります。今日も同様の標語がありますが、当時は今以上に、標語の訴えがむなしく聞こえるほどひどい状況だったのです。

座席を必死で確保しようとする様子は、行楽地へ向かう長距離列車ではさらに激しいものでした。左記に掲載した新聞記事は鉄道省運輸局旅客課の担当者の談話ですが、当時、いかに激しい座席争奪戦が繰り広げられていたかがよく分かります。

集団をなしたハイカーは、とかく群集心理に酔って粗暴に流れがちに

(2)　福沢諭吉が一八八二年に発刊した新聞。一九三六年に〈東京日日新聞〉(現・毎日新聞)に併合された。

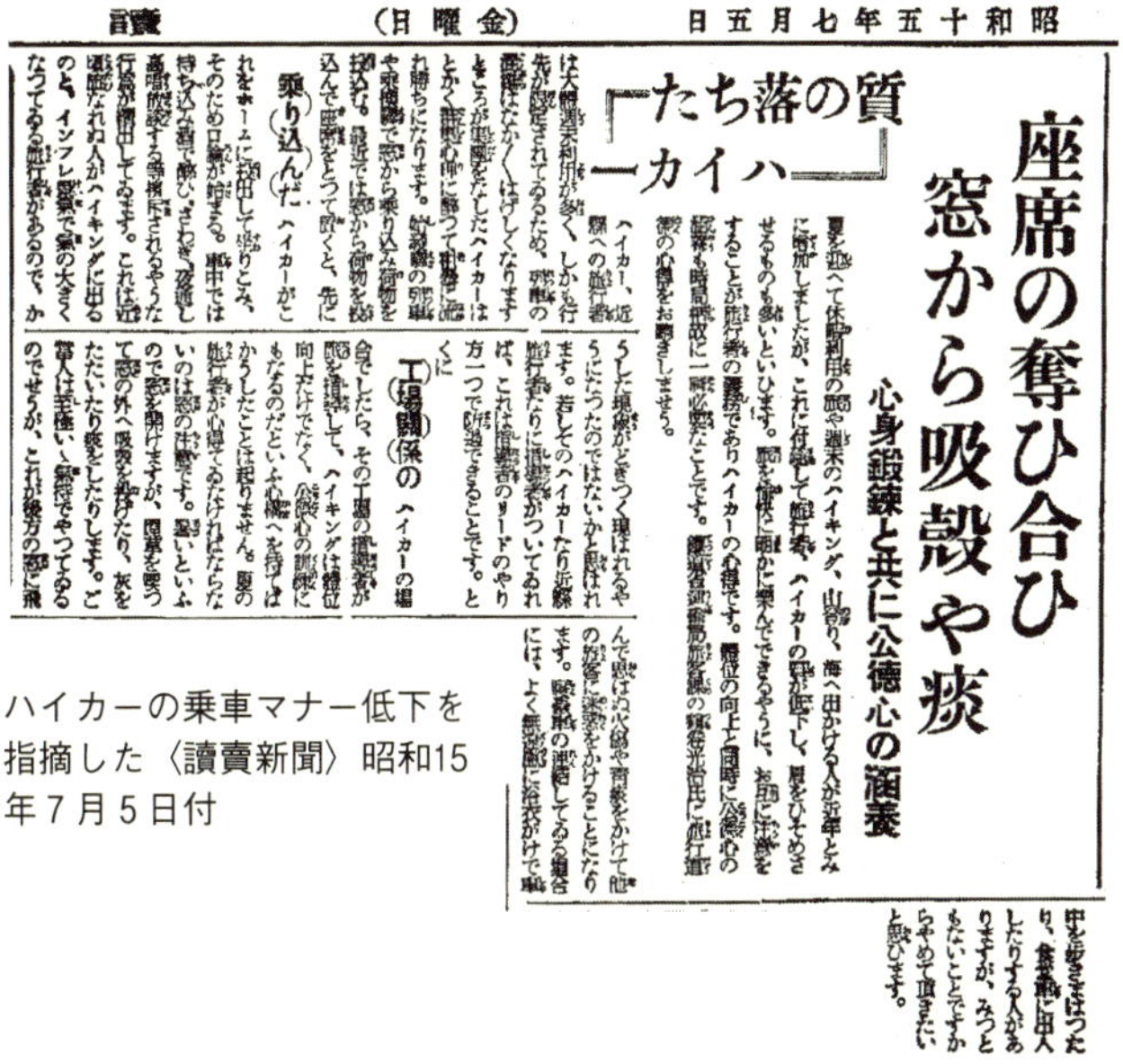
昭和十五年七月五日　(金曜日)　讀賣

座席の奪ひ合ひ　窓から吸殻や痰

心身鍛錬と共に公徳心の涵養

「質の落ちたハイカー」

乗り込んだ

工場関係の

ハイカーの乗車マナー低下を指摘した〈讀賣新聞〉昭和15年7月5日付

なります。始発駅の列車や乗換駅で窓から乗り込み荷物を投込む。最近では窓から荷物を投込んで座席をとって置くと、先に乗り込んだハイカーがこれをホームに投出して座りこみ、そのため口論が始まる。（讀賣新聞・一九四〇年七月五日付）

もう一例、正月明けのある日、長野駅で見られた光景が新聞の投書欄で紹介されています。

〔前略〕やがて列車が入ると、これらのスキー客はまるで蜂の巣を突いたような騒ぎで先を争い、若い連中は進行中の列車の窓目がけて飛びつき、窓から乗り込む。窓という窓はスキーヤーのお尻の行列である。何という情《なさけ》ない風景であろうか。駅員も手を拱《こまね》いて嘆息《たんそく》しているだけだ。しかも最後部の車内では席の奪い合いから殴合いがはじまった。立派な紳士と学生らしいのが血を流しての格闘である。これに捲《ま》き込まれて、他の客もそこここで殴り合いをはじめた。（東京朝日新聞・一九三九年一月一一日付）

当時の若者には血気さかんな人が多かったせいか、駅や車内で殴り合いが起きることは決して珍しくありませんでした。車内にかぎらず、街中でも些細《ささい》なことがきっかけでたびたび暴力事件が起こっていました。激しい座席の奪い合いによって、子どもや高齢者、そして女性にとって、車内が危険な空間であったことが想像されます。

今日でも座席の奪い合いは行われていますが、概して運行ダイヤが充実したうえ、乗客のマナーも向上しているので、ここまですさまじい光景を目にすることはきわめて稀《まれ》なことでしょう。また、現在運行している列車の多くは窓の開かない構造になっているため、記事にあるような、窓から乗り込んだり、荷物を投げ入れたりする乗客は当然見られません。

最近は、中国の列車内で激しい座席の奪い合いが行われていることがニュースなどで伝えられています。経済的に発展途上にあった当時の日本と、経済成長を続けている現在の中国は、道徳水準という点でも似たような状況なのかもしれません。

昭和初期に東京で暮らしていたイギリス人女性、キャサリン・サンソム（Katharine Sansom・一八八三～一九八一）は、駅を利用する日本人の様子について次のように述べています。

日本人は、必要があろうがなかろうが、他人を押し除《の》けて我れ先に電車に乗り込もうとします。日本に来てしばらくすると、ラッシュアワーが終わってから出かけても、目的地に着く時刻はたいして変わらないことに気が付きます。駅にいると、集団の中の日本人がいかに単純で野蛮であるかがよくわかります。電車やサービスは概して良いし、駅も立派なのに、乗客には感心できません。彼らは列に並んで自分の番を待つということをしないので、切符売場や改札口では勝手に割り込んできます。彼らの頭には、目的地に早く着くことしかないのです。この目的が達成されれば、彼らはもとの善良でのんきな日本人に戻ります。（キャサリン・サンソム『東京に暮す　一九二八～一九三六』一〇二ページ）

彼女は、イギリスの外交官である夫ジョージ・サンソム[3]の赴任にともなって一九二八（昭和三）年に来日し、それ以後一九三七（昭和一二）年五月まで東京で生活していました。今挙げた著書『東京に暮す』のなかで、彼女は日本人を非常に好意的に描いています。そんな彼女が、日本人の好ましくない面の一つとして挙げているのが駅での行動なのです。一人ひとりは礼儀正しく善良な人であるのに、集団のなかに入ると態度が変わってしまうと述べています。

> やっとのことで改札口を通りぬけると、次は人を押して進む乗客の群れに混じって電車に乗り込みます。押してくるのは誰でしょうか。最も質《たち》が悪いのは、優しそうな顔をした年配の女性で、楽に抱えられそうなほど小柄な人たちです。背中に赤ん坊をおぶった若い母親のこともあります。なんと、男性のことだってあるのです。男性に押されるということは、西洋人の女性には考えられないことです。西洋にはレディーファーストの伝統がありますから。
> （前掲書、一〇三ページ）

男女を問わず、多くの乗客が先を急いで前の人を押しながら電車に乗り込んでいました。男性が女性に配慮するというレディーファーストの文化は、すでに当時の日本に入っていましたが、定着はしていませんでした。ところが、列車に乗り込む際にあれだけ慌てていた人たちも、目的地に着いて電車を降りるとみんながゆっくりと歩くのです。降車後は一転して普段ののんびりとした日本人に戻るという行動のギャップを、彼女は興味深く感じていたようです。

弱者に席を譲る美風の喪失

自分のみ広き席を占有せんと努め、あるいは制限外の手廻《てまわ》り品を多数持ち込みて他の座席を塞《ふさ》ぐが如《ごと》き、勝手の挙動をする人も随分見受けるが、これらは他の迷惑となるのみならず、乗客自身に於《お》いても公衆の面前に自分の公徳心に乏しきことを広告するのである。（元田作之進『善悪長短日本人心の解剖』一四〇～一四一ページ）

列車が出発したあとも乗客の身勝手はやみません。座席に、荷物を置いたり、長々と敷物を広げたりする。座席で横になって寝たり、あとから乗る知人のために席を確保したりする。そして、長椅子ではできるだけ隣の乗客との間をあけて座ろうとするという光景はごく日常的なものでした。

詩人で作詞家の野口雨情《のぐちうじょう》（一八八二～一九四五）は、「乗物道徳心の悪化」と題した評論を、一九二九（昭和四）年八月二九日付の〈東京朝日新聞〉に書いています。そのなかで、列車内で日々目にする光景について具体例を挙げながら述べています。

（3）Sir George Bailey Sansom・一八八三～一九六五。外交官であるとともに、日本に関する歴史学者でもあった。

先を争うて乗るのはいいとしても、一人で二人分の座席を独占したり、甚《はなは》だしいのは、手荷物のトランクやバスケットの類を座席へ積み重ねて知らん顔をしていることです。または、停車場へ着いて、客が乗り込んで来そうに思えば、座席の上に横になって、眠ったふりをしたり、自分の傍《そば》には乗客がある如くよそおったりして、あくまでも二人分の座席を一人で独占しようとする心事の浅ましい乗客が多いのです。特に夜行列車にこうした乗客が多いのであります。そうした場合、座席がなくて立っている乗客のために注意でもしたら、自分が乗物道徳を無視しているのを思わずに「余計なことをするなッ」といわんばかりの不愉快な顔をしてブツブツいうのであります。

少し時代をさかのぼりますが、ジャーナリストの村井弦斎《むらいげんさい》（一八六四〜一九二七）も明治末期に同様のことを述べています。

汽車旅行をする時、往往《おうおう》不愉快を感ずる事は乗客の無作法です。これとてもおいおい年と共に減じて行きますけれども、しかしまだどうかすると、先に室内へ入った客が大きな膝掛《ひざかけ》を長長と敷いて、鞄《かばん》や袋を障壁のように両脇へ置き、後に入り来る客が座席を得る事ができないで困っても、知らん顔をして平気で居るような人が無いでもありません。中には長長と足を出して寝て居て、向うには席が無くして立って居る人があっても起きないような人もあります。

新橋から神戸行の急行なぞへ、途中の停車場から乗ると、いつまでも席の無いのに苦しむ事が多いようです。席が無いといっても乗客の数が定員に達して居るのではありません。少数の乗客が一人で二三人前の席を占めて居るから、途中から乗る人は殆《ほと》んど食客《しょっかく》〔いそうろう〕同様な思いをして窮屈を忍ばなければならんのです。

中には汽車中で酒を飲んで喧囂雑沓《けんごうざっとう》極《きわ》りなき者もあります。地方などへ行くと、汽車中で酒盛を始めて藤八拳《とうはちけん》〔じゃんけんと同類の伝統遊戯〕を打っていることがあるといいます。

（村井弦斎『人情論』九五〜九七ページ）

本章の冒頭で紹介した『鉄道から家庭へ』では、「車内のこみあった場合の如き、強者はまず座席を老幼婦女病客等の弱者に譲るようにして戴かねばなりませぬ」（五一ページ）と乗客に訴えています。老幼婦女病客、つまり高齢者、子ども、女性、そして病人や傷痍軍人《しょういぐんじん》〔戦争で負傷した軍人〕などに席を譲りましょう、ということです。

戦前に刊行された他の啓発書にも同様のことが書かれています。これらのなかでは、「女性」も席を譲るべき対象とされています。今日のように、妊娠中の女性に特定はしていません。時代が下るにつれて、女性全般を含める傾向は薄くなっていきました。昭和一〇年代の後半には、戦争の影響もあってか、一般女性は席を譲られる立場から譲る立場であるという認識が広まっていきました。また子どもに関しては、座席に座らせるのは年少の者を優先し、子ども同士でもより年下の者に席を譲ることが奨励されていました。

一九四二（昭和一七）年八月、「交通道徳強調週間」というものが全国で実施されています。同様の啓発キャンペーンはたびたび行われていましたが、このときに強調されたテーマは、列車の出入口をふさがないこと、座席を弱者に譲ることの二点でした。実施に先立って行われた協議会の席上、ある担当者が次のように当時の実態を報告しています。

座席の問題で一番問題となったのは、専門、大学生と中年婦人でありました。中学生は座らないで立つものと段々習慣づけられていますが、上級の学生は不思議と無関心で超然としているのが多いという意見が多数でした。女学生は校風によって随分と違い、傷痍《しょうい》軍人の方が立っていられるのに平気で友人と喋舌《しゃべ》っているので見兼ねて注意すると、〝あらいやな小父《おじ》さん〟とそっぽを向いた制服もあったと報告が出ています。中年婦人の座席執着欲は一番不快な事実ですが、自由主義時代の教育の悪い表われといえます。（讀賣新聞・一九四二年八月二二日付）

また、ほぼ同時期の新聞には次のような投書が掲載されています。

私の見た電車内の有様を申し上げる。まず一番よく席を譲るのは中学生と中年の男子。いずれも中流階級以下の人々である。これに反して大学生は容易に席を譲ろうとはしない。別に荷物を持っている訳でもなく元気そうな顔をしながら混雑した車内に誰れ憚《はばか》らず座席を占領しているのは見づらいものだ。

さらに最も席を譲らないのは中流以上の若い婦人である。彼女らは腰を掛けるのを当然と考えているらしい。そして多くの場合どんな老人や子供が来ても、また子供を背負ったおかみさんが立っていても平気で腰かけているのだ。次ぎは若いサラリーマンである。かれらも大学生と同じく思いやりも社会的訓練もないからだろう。要するに、教育のある中流階級もしくはこれ以上の若い男女が最もよくないのは考うべきことだ。（讀賣新聞・一九四一年三月一二日付）

いずれも、中学生は席を譲るが、それより上の学生は譲らないと指摘しています。そして、もっとも席を譲らない層として槍玉《やりだま》に挙げているのが婦人たちです。かつては席を譲られる対象に含まれていた彼女らも、このころには譲るべき立場の人間と考えられるようになっていたようです。席を譲らない風潮に関して、あと三つの事例を紹介しておきましょう。

最近電車、バスで女子供老人に席を譲る者が非常に少くなった。学校では何を教えているか知らないが、学生等は老人がよぼよぼしていても横を向いて知らない顔をしている。しかし、かりに席を譲られても譲られた方は当り前のような顔をしている。（讀賣新聞・一九三九年五月二一日付）

私は已往《きおう》二十余年間、省線〔鉄道省が所管する鉄道〕電車で市の中央へ通勤しているが、以前は中学生は精力強健を誇りとし、空席があっても腰掛けるものは殆《ほとん》どないといってもよいくらいであった。ところが近年は座席を望むものが多い。中には眼前に老幼者のよろめく姿を見ながらも平気でいるものさえある。女学生はさすが男生〔ママ〕のようなムチャはしないが、男女ともこの傾向が増してゆくように思われる。（東京朝日新聞・一九四〇年一〇月一一日付）

この二つは、車内の学生らの態度に対する苦言です。次いで、ある女性が、映画館で通路をあけようとしなかった横柄な女性らの事例を挙げたうえで次のように続けています。

この事実は当今の所謂《いわゆる》近代的教養ありと自認している若い男女間（残念ながら極少数を除いて）の一通性を表すものではあるまいか。

電車内でも然《しか》り。老人もしくは重い荷物を持った婦人を前にし、見飽きたらしい新聞に今更らしく首を突っ込んだり、眠る振りをする青年紳士、男学生、また席を譲るにしても、内心舌打ちでもしたげな仏頂面《ぶっちょうづら》で立つ人達である。

なるほど車に乗り込んで来るなりジロジロと席欲し気に見廻す不愉快な老婆などが無いではない。しかし相手はもう皺《しわ》のよった年寄だ。それ位許す寛容さはあってもよかろう。また同じ立つなら、会釈《えしゃく》ぐらいしても損はあるまい。（東京朝日新聞・一九三七年四月三日付）

ここで挙げた三つの記事は、いずれも昭和一〇年代に掲載された読者からの投書です。年齢は記載されていませんが、内容を読むかぎりでは中高年以上の人だと判断できます。彼らは、学生や青年紳士などといった若者に対して、高齢者らに席を譲らない風潮や道徳心の欠如を嘆いているのです。

発言のなかで注目しておきたいのが、各文中にある「最近」、「近年は」、「当今の」という言葉です。若者が高齢者らに席を譲らなくなったのは最近のことで、それ以前はそうした傾向が見られなかったという見解です。しかし、本当にそうだったのでしょうか。

この頃市中の電車に乗っていて著しく眼に付くことは、婦人や老人に席を譲る風が衰えたということであります。これは譲らなければならぬ側の人もわるいのでしょうが、譲らるる側の人にも咎《とが》がありはしないかと思われます。（讀賣新聞・一九一八年四月二六日付）

先の三つの投書が載ったときから二〇年ほど前に掲載されたものですが、同じ趣旨のことが書かれています。列車の利用者が年々増加し、混雑の度を増していくなか、年を経るごとに席を譲らない若者がより際立って見えるようになったという事情も否定できません。とはいえ、席を譲らない人がいたというのは明治期からの事実です。個人的な印象で「昔のほうがよかった」と語る典型とも言えるでしょう。

ところで、先に挙げた投書のなかでは、いずれも譲る側の問題だけでなく譲られる側の姿勢にも言及していることも興味深いところです。この点については、次に挙げる投書に詳しく書かれています。

さて譲られるものについては大いに文句がある。例えば子供をおぶって乗車して来る婦人などは殆《ほとん》ど凡《すべ》てが誰か自分には席を譲るべきものときめ込んで入って来る。

別に国有市有でもない我が子を、何か社会公共の貴重な依託品でも持ち歩いて居るような、当然らしい顔をして、甚《はなは》だしいのになると電車の込むような日には、子をわざとだしにつれて行くのではないかとさへ自分には思われる。

よし虚偽にもせよ、席を譲る方からいえば事実に於《お》いて立派な行為だ。車中道徳の麻痺として自分の強く叫びたいのは実にこの譲られる人間の道念の麻痺である。

僕はほんとうに気の毒だと忍びざるの情から発して譲席するのである。相手の人にお礼の辞を受けるような事は更に望んでは居ないのだが、中には「おれの占《し》むべき席を暫くお前に貸してあったのだ」といふ風に、傲然《ごうぜん》として受けるものがあるのを見ては、道念の麻痺に驚かざるを得ない。(讀賣新聞・一九二二年五月一三日付)

見返りを求めて席を譲るわけではないにせよ、譲られる側が「譲られて当然」という態度では、譲った人が不愉快に感ずるのも無理はありません。今日でも同じような声をよく耳にします。席を譲るのは、本来、善意によって行われることです。ましてや、一般の自由席に関しては「譲る

義務」や「譲ってもらう権利」があるわけではありません。譲る側だけでなく、譲られる側の礼儀に関しても、昔から同じような議論があったことがうかがえます。

列車内を汚す乗客たち

電車が新宿を発車して十分たつかたたぬ間に、二人の婦人達は早速持ってきた手提《さ》げの中から、あんぱんやら、みかん、おせんべいの類《たぐい》を出し始めて、子供にも与え、自分達もムシャムシャ食べ始めました。そしてみかんの皮やら、食べかすなどを処かまわず電車の中へ捨てるのでした。傍《そば》で見ていますと、整理するとか、人に不快を与えるとか、少しも考えていないようです。あたかも食べる事が自分達の仕事のようです。（吉岡彌生『女性の出発』三九ページ）

のちに東京女医学校（現・東京女子医科大学）を創設し、女性医師の養成に尽力した吉岡彌生《よしおかやよい》（一八七一～一九五九）は、一九四一（昭和一六）年に刊行した著書で、日本の女性のあるべき姿について述べています。今紹介した文章はその一節です。吉岡は、子どもたちを正しく導くべき母親が公衆道徳を守れないようではいけない、と本書で強く訴えています。

その一例が車内での飲食です。先に述べた座席の問題がひとまず決着し、これで車内は落ち着くかと思いきや、そうはいかなかったようです。身動きのとれない通勤ラッシュ時の列車は別として、比較的余裕のある車内、とくに長距離列車の中は我が物顔で振る舞う乗客が多く見られました。

乗客のなかには、車内に弁当や菓子、果物などを持ち込んで食べる人が大勢いました。また、かつては多くの駅に駅弁の販売員がおり、乗客はそれを買って車内で食べていました。一見のどかな光景ですが、そのあとが問題なのです。

食べ終わると、その空き箱や包装紙、竹皮が車内に放置されたままだったのです。容器や包みだけでなく、ミカンやリンゴ、柿の皮、ビールや日本酒、牛乳、サイダーの瓶なども床に捨てられていました。駅弁と一緒に使い捨ての土瓶に入れられたお茶も売られていましたが、その空き瓶も同様に床の上に転がっていました。ゴミを床に置くだけならまだ許せるとして、窓から外へ弁当箱やビール瓶を投げ捨てるという悪質な行為さえありました。そのゴミが線路の保安員にあたって重傷を負うという事件も起きています。

包みや容器だけでなく、食べ残しもたくさんゴミとして出されていました。「食べ物を粗末にしてはいけない」と厳しくしつけられていたとされる時代にもかかわらず、食べ残しをする人は決して珍しくありませんでした。

その一例として、秋田県で見られた出来事を紹介しましょう。時は一九四三（昭和一八）年、戦局の悪化で物資・食糧の不足が深刻さを増していたころです。この年の一〇月一九日付の〈秋田魁新報〉によると、当時運行していた列車一本につき、食べ物を包んでいた紙くずなどのゴミが一日平均五〇貫（一八七・五キログラム）も出されていたそうです。さらに、「駅弁の比較的入手難な現今において、すべて旅行にはニギリメシを持参するという現象の反面に、純米のオニギリなどが三等車はもちろん二等車までも、毎日相当量のものが投げ捨ててあるという遺憾な現状」でした。

「汗で増産、感謝で節米」（北国新聞社・一九四〇年）といった節米標語が叫ばれていた時代、稲作のさかんな農村部だったという背景があるとはいえ、当時これだけの食糧が捨てられていたという事実は驚きに値します。このころは、さすがにアメやキャラメルなどの菓子類は姿を消していたようですが、果物などのゴミは非常に多く、ゴミの種類を見れば旬のはじまりが分かると言われるほどでした。

今日でも、列車内に空き缶やペットボトルを放置していく人がいます。こうしたゴミを車内で目にすることは、決して珍しくはありません。しかし、「飽食の時代」と言われる今日でも、車内に食べ残しが散乱しているような光景は稀《まれ》であると言えるでしょう。

車内をよごす無駄
紙屑だけでも一ケ月六千貫
行儀悪い二等のお客

列車内に多くの食べ物が捨てられている実態を指摘した〈秋田魁新報〉昭和18年10月19日付

列車内には、飲食から出るゴミだけでなく、新聞紙、紙くず、タバコの吸殻など、さまざまなものが捨てられていました。さらに、痰唾《たんつば》を床に吐いていく人も多く、いかに不潔な状況であったかが想像できます。

鉄道では常に車内の清潔を志して、列車給仕や駅夫に絶えず掃除をさせ、さらに出発駅途中駅では時々雑巾がけをさせます。他人の捨てたものを不潔不快に感ずる以上、自分も他人にその感じを抱かせぬよう、即《すなわ》ち皆様方が互《たがい》に自分の居室に居らるる心がけでさえあれば、車内の清潔は十分に保てることと思います。ある知名の士が乗り込まれた時、車内が余り乱雑であったので、何の気もなく投げ捨ててある弁当殻を丁寧に揃えて腰掛の下にしまわれた処《ところ》が、それを捨てた本人らしい一旅客は、それを見て極《きま》りが悪くなったと見えて、窓側の方に顔を背け、別の一旅客は自分の捨てた折の蓋《ふた》や包みを足を動かして、こそこそと腰掛の下へ押し込んだという笑話があります。その名士は別に皮肉で遣《や》ったことではなかったのでありましょうが、それがそれ程の感化を他に及ぼしたということは、興味のある話であります。（『鉄道から家庭へ』五七〜五八ページ）

先に紹介した鉄道院発行の小冊子の一節です。清掃員が頻繁に車内清掃を行っていましたが、その一方でゴミを捨てていく人が後を断ちませんでした。しかし、捨てる人たちは、決してゴミ処理のマナーを知らなかったわけではないようです。エピソードに書かれているように、捨てた人たちはある人物の行動によって自分たちのマナー違反に気付き、恥じらいを感じています。大正、昭和初期の時点で、乗車マナーの啓発はすでに十分なされていました。決して無知ゆえにゴミを放置していったのではなく、多くの人がしてはいけないことと知りつつ捨てていったのです。ある車内清掃担当者が、次のようにこぼしています。

私達はこれで勤めですから文句もいわずにやっているようなものの、実際時には情《なさけ》なくて泣きたくなります。奇麗に掃除した壁などにはきつけられたたん、ふみにじられた鼻をかんだ紙、御念入りに細かく千《ち》切《ぎ》ってまかれた紙片……ほんとにも少し何とか気をつけてくれないものですかねえ。（東京朝日新聞・一九三〇年三月二一日付）

車内環境を乱す行為として、喫煙も問題視されていました。今日では一部の車両を除いて全面的に禁煙となっていますが、かつては喫煙に関してかなり寛容でした。昭和初期ま

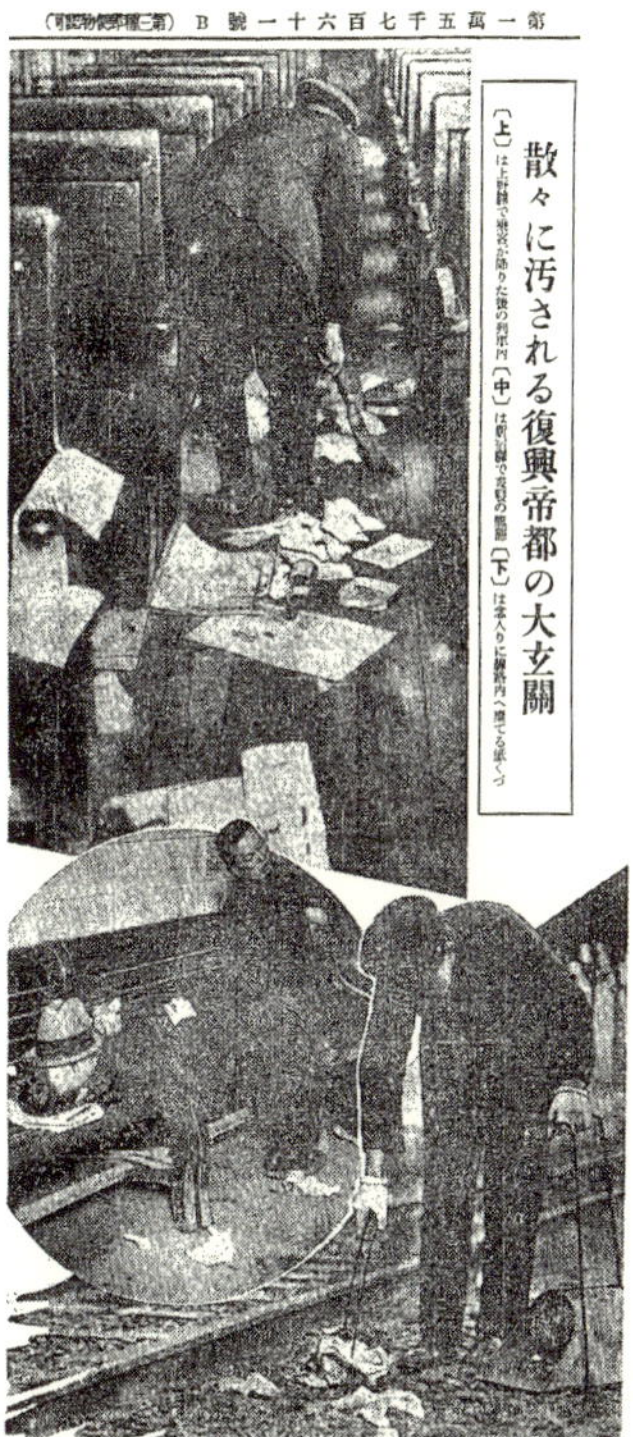

鉄道員が列車内を掃除する様子を伝えた〈東京朝日新聞〉昭和５年３月21日付

では、食堂車や寝台車を除いて、車内での喫煙に対して厳しい制限は設けられていませんでした。ただ、狭い車内での喫煙に迷惑する人が多いため、「煙草は御遠慮下さい」という掲示を出す車両もありました。

とはいえ、吸うか吸わないかは結局のところ本人任せでしかありません。車掌が注意をすることもありましたが、「幾ら注意しても駄目なのです。一人に注意していると、すぐ横の者がもうマッチを擦っているような状態ですからね」（東京朝日新聞・一九三六年一二月一〇日）と、乗務員もお手上げ状態だったようです。

余談ですが、かつては喫煙について年齢制限が設けられていなかったため、子どもが喫煙するという姿があちこちで見られました。子どもの喫煙が禁止されるようになったのは一九〇〇（明治三三）年に「未成年者喫煙禁止法」が制定されてからのことです。それまでは、小学生がくわえタバコで登校したり、学校の休憩時間に先生と児童が教室で一緒に喫煙したりする光景も決して珍しいものではありませんでした。

列車内を汚す極端な事例として、乗客が車内で放尿をすることもありました。車両にトイレが設置されるようになったのは明治の半ばで、それ以後徐々に増設されていきましたが、十分整うまでにはかなりの時間がかかりました。そんななか、とくに長距離列車になると、我慢できずに車内でしてしまうという人がいたのです。なかには、窓から外に向けて用を足す人や、ひどい場合は走行中の扉を開けてする人までいました。もちろん、これらは法律で禁止された行為ですので、摘発されると罰金刑が課されました。

なお、一九二六（大正一五）年に自動ドアの車両が登場するまでは、国内で運行していた列車のドアはすべて手動式でした。今では考えられませんが、走行中に勝手に扉を開けて用を足すこともできたのです。扉が開けられたまま走行し、乗客が転落するという事故も当然のように起きていました。

車内で化粧や着替えをする人々

汽車中の無作法に至っては多くの人の常に目撃する所であろう。三等客ならばまだしも、二等ないし一等の汽車中で無作法の振舞《ふるまい》を見ることが少《すく》なくない。車内で裸体《はだか》になって着物を着更え、あるいは乗合の婦人の顔を見て哄笑《こうしょう》し、あるいは馬鹿話を為して巫山戯《ふざけ》合い、甚《はなは》だしきに至っては酒宴を張って俗謡を歌う者すらある。余は彼等《かれら》が汽車を何と心得ているかを怪《あや》しまざるを得ない。（増田義一『大国民の根抵』一八〇ページ）

一八九七（明治三〇）年に出版社である実業之日本社を創業した増田義一《ますだぎいち》（一八六九〜一九四九）は、今で言うところの「自己啓発本」に類する本を何冊も執筆しています。『大国民の根抵』はその一冊です。彼は、この本の中で当時の日本人に欠けているところを指摘したうえで、修養すなわち人格形成の必要性を訴えました。ここで挙げたのはその一節です。

当時の列車内には、他の乗客がいるなかで堂々と着替えを済ませる人がいました。この事例のように、裸になったり、下着姿になったりして、周りに人がいるところで平然と着替えるのです。着替えだけでなく、化粧をする女性もいました。電車内で化粧をする女性に関しては、今日でも批判の声をよく耳にします。化粧は本来人の目を忍んでするものであり、人前でするのは恥ずべきことだ、という意見です。車内で化粧をする行為を「迷惑行為」ととらえるべきか否かは別として、この行為自体は最近見られるようになった現象と考えている人が多いようですが、実は戦前の日本でも同じようなことが行われていたのです。一九三五（昭和一〇）年の新聞に次のような記述があります。

電車の中や汽車その他人混みの場所で、ところ構わずコンパクトを出してはパタパタ顔をはたき、果ては衆目《しゅうもく》を浴びつつ口紅までも御念入りに塗っている人達をよく見受けます。お化粧は婦人の身だしなみだから、決して怠ってはなりません。

がしかし、人前も憚《はばか》らずあのようにお化粧をしているのは余り感心致しませんし、第一私の地肌ではこれをやらねば駄目なのです……と自分の弱点を告白しているようなものでしょう。

お化粧はそれぞれの持って生まれた個々の美しさを生かす事ですから、人の見ない場所でお化粧して、そしてコテコテやっていないように見せてこそ、はじめて婦人の身だしなみとなるのではないかと思います。（東京朝日新聞・一九三五年六月一八日付）

列車の中にかぎらず、街頭でも鏡を出して化粧をする女性の姿は、当時においては決して特異な光景ではありませんでした。汗で化粧崩れを起こした、家で化粧をする時間がなかった、理由は何にせよ、こうした女性の行為に対して、今日同様、批判の目を向ける人もいたのです。

他人の目があるなかで着替えや化粧をして身だしなみを整えていく人がいた一方で、逆に身だしなみを崩す人も見られました。汚れた服や靴に泥を付けたまま乗り込む人も問題とされていましたが、それ以上に、車内で衣服を脱いだ状態で過ごす人々に対して「見苦しい」という声が多々上がっていました。とくに夏は、その傾向が強かったようです。

男性のなかには、靴と靴下を脱いで素足になったり、ズボンの裾《すそ》をまくったりするだけでなく、半裸になる人もいました。女性の場合は、さすがに裸になる人がいたという記述は見られませんが、肌襦袢《はだじゅばん》〔和装の下着〕一枚になる人はいたようです。

車内で化粧をするくらいならまだしも、裸や下着姿になる行為は今日の基準からするとかなり常識はずれのように思えます。もちろん、当時もこ

すまじきは街頭のお化粧!!!!!!!!
並に、夏の外出化粧をクヅさぬ工作

バスを待つ間に鏡を覗いて、お顔を叩いてゐるお嬢さま。夏の外出はお化粧崩れがひどいせゐか、乗物の中や

街頭によくある風景です。でも、お化粧が身だしなみである以上、人前で白粉をつけるのはよい形ではありませんし時節柄、上つ調子な不快な感じを抱かせます。そこで夏は、特に外出前に化粧崩れを防ぐ工作をすることが大切でせう。先づローションなり、[illegible]ひつけのさつぱりする化粧水をつけてガーゼでふきます また化粧水を塗つて

軽く たゝきこむやうにし、この上に粉白粉をたゝきます。これだけでなく、練り白粉の上から化粧水を指で叩くやうにしてつけ、よく落ちつかせるのです。最後にパフで軽くはたくと涼しいお化粧ができます。もし顔がカサついて脂気のない方は、最初オリーブ油をつけて軽くマッサージをし、然る後に化粧水でふきとつた後、以上の手当をすればよろしい。（中村リヲ氏）

外出先で化粧をする女性について伝えた〈讀賣新聞〉昭和13年7月18日付

れらは恥ずべき行為と見なされていましたが、一方では、そう感じないという人が多かったのも事実です。その理由として、かつての日本人の生活形態や生活習慣を挙げることができます。

日本の伝統的な家屋では、とくに暑い季節は戸や障子が開け放たれます。網戸やカーテンがまだ一般的ではなかった時代、当然家の中は外から丸見えの状態でした。かつては都会でもこうした家が多く、通りから他人の私生活が見えるという状況はごくありふれたものでした。庭もなく、部屋数の少ない下層庶民の家ならなおのことで、化粧や着替えをする姿が外から見えることもありました。それが日常の光景だったため、見られる側もとくに臆《おく》することはなく、たとえ通行人と目が合ったとしても赤面もせず平然としていたようです。

また、明治に入るころまでは、男女を問わず家の外で、全裸で行水《ぎょうずい》をすること(4)はごく普通に行われていました。人通りのある所でも気にすることなく、裸体をさらけ出す人が珍しくなかったのです。

この点に関しては、幕末から明治期に日本を訪れた外国人の多くが驚きをもって記録にとどめています。たとえば、幕末に日英修好通商条約締結のために来日したフューリアス号船長のシェラード・オズボーン(Sherard Osborn・一八二二～一八七五)は、『日本への航海』のなかで、当時の江戸郊外で見た様子を次のように記しています。

郊外で、午後五時だったので、だれもが沐浴《もくよく》をしていて、「清潔第一、慎みは二の次！」がモットーのようだった。ある場合などは、盥《たらい》が戸口の外に置かれて、家族が屋外で楽しく、湯気を上げている湯につかって、布で身体を擦っていた。また他の者は、盥を屋内の土間の上に置いていたが、家の正面は完全に開け放してあるので、女性がイヴそのままの姿で、風呂から出てわれわれを見ようとして走り出てくる様子は、また時には、湯気を上げて泣き喚《わめ》く赤ん坊を前に抱いたりしているのは、少々ぎょっとさせるものだった。（『日本への航海』二〇〇～二〇一ページ）

公衆浴場は、明治に入るまでは混浴が当たり前でした。これに関しても、外国人は一様に驚きの感想を述べています。たとえば、江戸末期に長崎を訪れたイギリス人宣教師のジョージ・スミス（George Smith・一八四〇～一八七六）は次のように記しています。

午後おそく、あるいは夕方のはやい時間に、老若男女は、遠慮や道徳的な後ろめたさを感じることなく、大勢のはじ知らずの入湯者にまじってふろに入る。

中には公然とごっちゃに入湯する習慣を弁明する者がおり、かれらの考えによると、混浴は原始時代から続いている習慣の罪のない素朴さにほかならず、道徳的な善悪の因習性の点で、どの国も大きなへだたりがあることを力説している。（『日本における十週間』一一三ページ）

（４）タライに入れた湯や水で体を洗い流すこと。現在の子ども用のプールみたいなもの。

入浴時にかぎらず人々が公共の場で裸になることは、明治に入る前まではごく日常的な習慣でした。とくに、人力車の車夫など肉体労働に従事する人に多かったようです。

劇場内でも同様の習慣が見られました。明治初期に東京外国語大学で教鞭《きょうべん》をとっていたロシア人のレフ・イリイッチ・メーチニコフ（Lev Il'ich Mechnikov・一八三八～一八八八）は、訪れたある劇場内の様子について次のように書いています。

一目見ただけで、誰もが実際に芝居を観るために来ているのであって、自分を見せるためではないことは歴然としていた。だからこそ、彼らはとりたてて普段着を着換える必要も感じないのである。多くの女性客は、燃えるような切長の眼を、舞台に釘づけにしたまま、なんの気取りもなく着物の胸をはだけ、赤児に乳を呑ませている。男性客となるともっと無遠慮で、しばしば素裸になってしまい、その浅黒い身体には、これ以上脱ぐわけにはいかぬ下帯、つまりイチジクの葉の代用ともいうべき白い手ぬぐいを紐で腰に巻きつけただけの姿になってしまう。（『回想の明治維新』一一一～一一二ページ）

明治に入ると、人前で裸になることを禁止する通達が出されます。混浴についても裸と同様に禁止されるようになり、一八七九（明治一二）年に「湯屋取締規則《ゆやとりしまりきそく》」が制定されて以後、法的に取り締まりが行われるようになりました。しかし、それまでの習慣がすぐに改まるわけではありません。とくに混浴に関しては、昭和に入ってからも一部に残っていました。

こうした例からも分かるように、多くの庶民は、街頭も、浴場も、劇場も、そして列車の中も、家の中と同じような空間であると認識していたのです。そこに、公私の区別、慎《つつし》みといったものはありません。裸を見られることに恥じらいを感じない人々が、列車内で着替えをしたりすることにためらいを感じなかったとしても、まったく不思議ではないでしょう。

尽きることのない不正乗車

いつになっても絶えないどころか世智辛《せちがら》いこの頃、鉄道の不正乗客はますます殖《ふ》える一方であるが、中には学生などは不正乗車をすることを一種の見得《みえ》と心得て、仲間に吹聴《ふいちょう》して歩く不らち者までもあるというので、すっかり冠をまげた鉄道省は、こんど大々的にこの不正乗客の撲滅と、万一今後これらの不正乗客を捕えた時には、どんな事情があろうと今までの温情主義を棄《す》てて、ただ「処罰」一点張りというモットーの上から厳罰方針をとることとなり、近く省内首脳部は「不正乗客撲滅防止会」を開いて対策を講ずることとなった。〔後略〕（東京朝日新聞・一九三二年九月一七日付）

列車に乗るには、当然ながら乗車券が必要です。しかし、いつの時代も不正な手段で列車を利用しようとする人がいるものです。今日では磁気乗車券やＩＣカード乗車券が普及し、不正乗車をすることが難しくなりましたが、乗車券が普通の紙だった時代は、さまざまな手口によって不正乗車が行われていました。

右記に挙げたのは一九三一（昭和六）年の記事ですが、これ以前にも以後にも、不正乗車を取り締まるための検討や対策が進められ、集中的な検札などが行われてきました。たとえば、一九二六（大正一五）年六月、東京鉄道局は五日間にわたって全線で大規模な車内検札を実施しました。このとき、約三五〇〇人の乗客が摘発されました。もっとも多かったのが乗り越しで、その数は二〇〇〇件です。次いで、期限切れ定期券の使用二〇〇件、規定年齢を超えた子どもの無賃乗車一五〇件、定期券の改ざん二〇件となっています（東京朝日新聞・一九二六年六月一〇日付。いずれも概数）。このうち、悪質な三〇〇件については追徴金が課せられています。

ここに挙げた件数が多いのかどうかは分かりませんが、この検札が行われたあと、定期券の書き換えに訪れる利用者が各駅に殺到したとのことです。表面化していない不正乗車がいかに多かったかは推測できます。

一九四一（昭和一六）年に東京府中等学校保導協会が発行した「交通道徳訓話資料」には、次のようなデータが掲載されています。

昭和十四年四月一日から十五年三月三十一日迄《まで》に於《お》ける不正乗車は、驚くなかれ二六、五九九件〔ママ〕の多きに達し、その金額は五一、一三〇円八九銭〔ママ〕に昇って居《お》ります。

その不正乗車の中には、定期乗車券を悪用する学生生徒が極めて多く、しかもその傾向は

年々増加するばかりであります。この点特に注意されん事を切望致します。（「交通道徳訓話資料」一四ページ）

この資料に挙げられた数値は東京鉄道局管内のもので、不正の手口としては定期券を使ったものが多かったようです。具体的には、期限切れ定期券の使用、期限日の改ざん、他人の定期券の使用などといったものです。それ以外にも、キセル乗車、使用済み乗車券の使用、切符を持たない乗車などの不正が行われていました。また、組織的に偽造定期券を製造・販売していたケースや、偽造乗車券を製造して駅の待合室で売りさばくという事件も起きています。

一向に不正が絶えない状況に、鉄道局は頭を悩ませていました。とくに定期券については、不正使用を断つために、時期によって色分けをするなどさまざまな案が検討されました。一九三六（昭和一一）年には、大阪鉄道管理局が改札口に設置したカメラで定期券を撮影し、台帳と照会するという試みまで行われています。不正の温床となる定期券そのものを廃止すべきという大胆な案まで議論されていたようですが、いずれも本格実施には至らず、今日においても不正乗車を行う者とそれを取り締まる側のいたちごっこは続いています。

ところで、先に挙げた一九二六（大正一五）年六月に東京で行われた大規模な車内検札に際して、次のような事実も発覚しています。記事は、取り締まり開始から三日を経過した時点のものです。

たとえ鉄道省の課長であろうと高等官であろうと、遠慮会釈なく厳重に検札を断行せよと命令を発したので従業員は大いに力づき、一日以来各線の一部分を区切って主力を尽《つく》し検札を行ったところ、違反者は実に数百名におよび、中には鉄道省の高等官連で当日パスを忘れて来てお目玉を頂戴したものや、保線、電力、改良工事などに従事している工夫《こうふ》連が、職業の用務の時だけに限られて渡してある木札の通用券を通勤用や用達しのために使用していて木札を取あげられたものが、実に三十余数からあった。（東京朝日新聞・一九二六年六月四日付）

不正乗車をしていた乗客のなかに、あろうことか鉄道関係者が三〇名以上も含まれていたというのです。このとき以外に行われた取り締まりにおいても、同様に摘発された者のなかに鉄道関係者が含まれていることは珍しくありませんでした。

たとえば、一九三二（昭和七）年八月に横須賀線で実施された検札では、摘発された八六件のうち実に二九件、つまり三分の一が鉄道員だったとされています（東京朝日新聞・一九三二年八月九日付）。

なかには、職務上の乗車と私用での乗車を区別し忘れたといううっかりミスの例もあったようですが、職権を利用して不正に乗車券を手に入れていたケースがあるなど、長期にわたって犯行を繰り返す職員は少なくありませんでした。

守られなかった乗客へのお願い

綺麗《きれい》好きで、礼儀を重んずることは我国民古来からの誇りとして居《お》った所でありますが、それは個人として、また知り合った仲だけのことで、これが共同生活となりますと遺憾《いかん》ながら充分に公徳が守られて居るとは申兼《もうしか》ねます。鉄道旅行も共同生活である以上は、お互《たがい》に公徳を守って愉快に旅行の出来る様にしたいものです。

これは、『汽車時刻表』一九三〇（昭和五）年一〇月号（鉄道省編纂）の「車中の共同生活に就《つい》て」という欄に書かれたものです。戦前に発行された時刻表には、乗客にマナー・モラルの向上を訴える記事が掲載されています。先に紹介してきた事例からも分かるように、当時の車中でのマナー・モラルは見るも無残な状況でした。そうしたことをふまえ、改札から乗車中に至るまでに遵守すべき事柄が事細かに書かれています。

冒頭の記述に続けて、「そこでどんなことに注意したなら宜しいのか、先年来いろいろ改めたいことを公徳標語として募集して公表いたしましたので既に充分御注意を引いたこととは思いますが、ここに簡単に列挙します」と書かれ、以下に示すように、二四の注意事項が具体的に挙げられています。

一、改札口では順序を保って戴きたい。
二、「ホーム」では降りる方がすんでから乗って戴きたい。
三、客車の中では余分の座席を取らぬ様にして戴きたい。
四、荷物で座席を塞《ふさ》がぬ様にして戴きたい。
五、座席を譲り合って戴きたい。
六、客車内を清潔に保って戴きたい。
七、弁当の殻や果物の皮を散らさぬ様にして戴きたい。
八、唾壷《だこ》以外にたんつばを吐かぬ様にして戴きたい。
九、「トンネル」などを通過するときは窓を閉めて戴きたい。
十、冬期蒸気暖房や「ストーブ」を使用して居るときには窓を開け放しにせぬ様にして戴きたい。

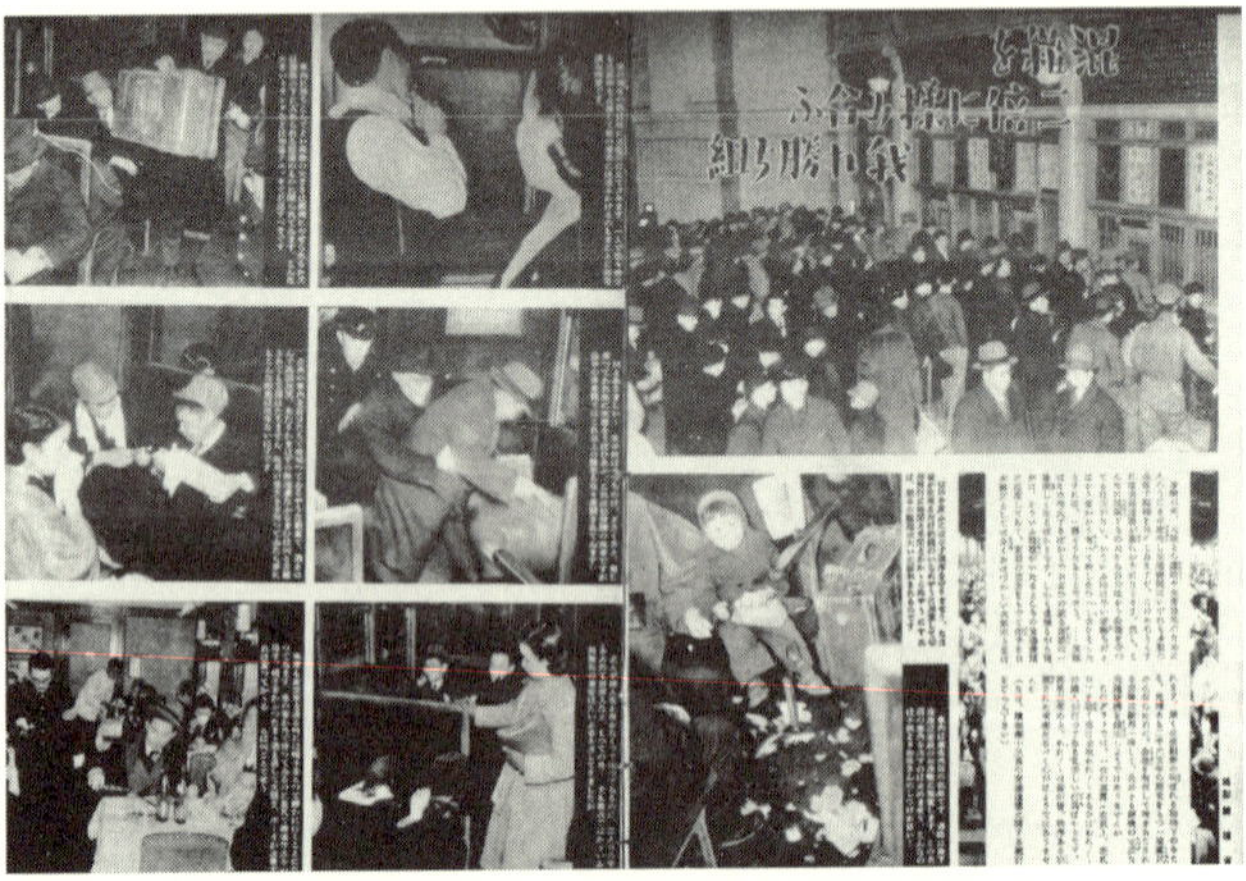

「混雑を二倍に揉み合ふ我れ勝ち組」の見出しで、当時の駅や車内のようすを伝えた記事。車内に散乱するゴミ(右ページ下段)、座席の奪い合いをする乗客(左ページ中段右)、車内で酒を酌み交わす乗客(同左)などが掲載されている
『写真週報』103号〔昭和15年2月14日付〕(国立公文書館所蔵・アジア歴史資料センター提供)

十一、服装を整えて戴きたい。
十二、裾《すそ》を捲《まく》って腿《もも》を出したり、襦袢《じゅばん》一枚になったり、婦人が細紐《ほそひも》一つでいたりすることはやめて戴きたい。
十三、食堂へ褞袍《どてら》や外套《がいとう》を着て行ったり帽子や襟巻《えりまき》をして食卓に着いたりすることはやめて戴きたい。
十四、唄ったり、騒いだりして同乗者に迷惑をかけるようなことはやめて戴きたい。
十五、寝台では他の客の安眠を妨げぬ様静かにして戴きたい。
十六、洗面所を一人で長く塞《ふさ》がぬ様にして戴きたい。
十七、洗面所や便所の水を節約して戴きたい。
十八、寝台や食堂では喫煙はやめて戴きたい。
十九、飛乗りや、飛降りはやめて戴きたい。
二十、窓から物を投げぬ様にして戴きたい。
二十一、爆発性の危険品などは持込まぬ様にして戴きたい。
二十二、進行中扉を開かぬ様にして戴きたい。
二十三、顔や手足を車外の出さぬ様にして戴きたい。
二十四、客車の「デッキ」に立たぬ様にして戴きたい。

これだけの項目が乗客に求められていたということは、裏を返せばそれだけ乗客のマナーが悪かったということです。今日でも通用する項目があるなか、時代を感じさせられる項目も多々あり、当時の人々の生活を知るうえでも参考になります。

今挙げた二四項目は列車を運行する側からの乗客へのお願いですが、当の乗客たちは車内の状況についてどのように感じていたのでしょうか。その一部はすでに新聞の投書などで紹介してきましたが、さらに広く市民一般の声を見てみましょう。

資料とするのは、一九三六（昭和一一）年に大阪ロータリー倶楽部が実施した「公衆道徳に関する調査蒐録《しゅうろく》」です。街頭あるいは多人数が集まる場所において日常的に見られる不行儀、不秩序、不愉快、非衛生、迷惑、不都合と感じられる行為について、市民にアンケート調査が行われました。その結果、九五四件もの意見が寄せられました。そのなかでもっとも多かったのが「交通上に関するもの」（二九八件）です。さらにそのなかでも、「乗客に関するもの」が一九六件と大きな割合を占めています。

このことからも、当時の人々が駅や列車内におけるマナー・モラルがとくに問題であると感じていたことが分かります。具体的な内容は左記の通りです。

1．乗車の先争いは断然止《や》めて欲しい（四一件）
降りる客があるにも拘《かかわ》らず入口に殺到し、我れ先にと争う醜《みにく》い光景は、乗らぬ者から見ても不都合だ。それが先生が引率した小学生の団体である場合、特に慨嘆《がいたん》の到《いた》りだ。

郊外電車や汽車に乗る際、窓からすべての持物を投込んで座席を占領するのも不愉快である。元気盛りの中学生など特に慎《つつ》しんで欲しい。
出札口や改札口でも順番を持〔ママ〕ち切れない横着者が多いのは情ない。等々

2. 車内で広い座席を占領するな（三四件）
広い座席を占め平気な者が多い、青年団にも多し。
中年婦人には横尻をしたり、座ったりして他の迷惑を省《かえり》みぬ者が多い。
小さい子供は膝の上にのせよ。
座席に荷物を置くな。等々

3. 車内では騒ぎ、悪戯《いたずら》、飲酒食などを遠慮して欲しい（二一件）
汽車の旅では特に多い。団体客は横暴すぎる。青年団等に於《おい》ては見苦しいものがある。
等々

4. 満員電車内で窓から外を見せようと泥靴のまま子供を座席に上らすのは是非止めて欲しい。他の迷惑に頓着《とんちゃく》せぬ母親が多い（一三件）

5. 市電やバスで中が空いて居るのに出入口を立塞《ふさ》がれるのは迷惑だ（一三件）

6. 車内で座席を強要?するな（一〇件）
中年婦人には座席を譲って貰《もら》うのを当然と考え強要する者が多い。また元気な老婦人が一寸《ちょっと》でも間隙《かんげき》を見付ければ尻で割込む厚顔さには驚く。等々

7. 雨降りの満員車内では濡れ傘やレインコートに気を付けて欲しい（九件）
海水浴かえりの小供の乱入には困りものだ。

8. 老人や婦人には座席を譲れ（八件）
　急ぐことでなければ老人は満員電車には遠慮したがよい。
9. 寒い時候自分一人の為に窓を開けられるのは迷惑等（五件）
10. 満員車内で人の顔に息や咳を吐きつける無作法者がある。等（五件）
11. 車内で居眠りをして隣に寄りかかるのは不愉快だ（五件）
12. 駅の待合室では大きい荷物で腰掛を占領する不心得者が多い。駅の入口で人を待合すのは混雑のもと。等（三件）
13. 車内に大きい荷物を持込むな、網棚に水物をのせるな。等（三件）
14. 電車で新聞を大きく開げて見るのは迷惑だ（三件）
15. 寝台車の中で大声に談笑したり、ボーイに怒鳴ったりするのは迷惑だ（三件）
16. 間違った市電に乗ってから行先を聞いたり、降りてから釣銭を貰《もら》うのは大勢の者が迷惑する。等
17. 其の他（一七件）
　車内でコンパクトを出し鼻の頭を叩くのは止《や》めて欲しい。
　乗務員との口論は不愉快だ。
　吊革《つりかわ》を持つ時、トンビ〔コートの一種〕の袖が座席の人の顔に触れぬ様気を付けよ。
　汽車の洗面所を長く独占するな。
　洗面器を使いぱなしにして汚して去るのは不都合だ。

汽車が停車中には大小便をしてはならない。用便後は水を流すことを忘れるな。

18. 所嫌わず痰唾を吐き散らすのは非衛生だ（再出）（六八件）
車内人の面前で「パッ、パッ」と吐いて跡を踏みにじって平気な紳士が多い。市電やバスの窓を開けて吐き出す者もある、運転手や車掌にもよく見かける。等々

19. 満員車内の喫煙は迷惑だ（再出）（一七件）
郊外電車の中でも喫煙御遠慮とあるのに平気でふかして他の迷惑を気にしない輩《やから》がある。等

20. 食べ滓《かす》、果物の皮、煙草の吸殻を車内に捨て散らすのは下等な奴だ。

「車中の共同生活に就《つい》て」と同じく、ここでも時代を感じさせられる項目が多々見かけられます。今日では見られなくなった行為もありますが、やはり多くは今でも当てはまるものではないでしょうか。結局、駅や車内では一〇〇年以上にわたって同じような迷惑行為がなされ、それに対する注意や啓発が行われてきたということです。

今日、乗客の非常識な行為がなくなったわけではありませんが、かつてに比べると改善されたことはまちがいないでしょう。技術の進歩とともに列車は進化を遂げ、快適な空間となりました。と同時に、そこに乗る人間も、徐々にではありますが進歩してきたと言えるでしょう。

第2章

公共の秩序を乱す人々

旧帝国図書館３階普通閲覧室（現・国際子ども図書館３階ホール）の様子。飲食が禁止されていたはずの閲覧室で、中央の男性は弁当を食べている。
〔昭和４～20年頃〕（国立国会図書館所蔵）

ゴミや痰唾《たんつば》で汚された道路

折角《せっかく》きれいに道幅も広々とつくられた立派な道路を、かの紙屑、蜜柑《みかん》の皮、竹皮などを捨てて汚す悪習がありますから、これを十分きれいにしなくてはならないと存じました。日本人は昔より清浄を好む国民であります。神社の清浄なることは勿論《もちろん》、日本風の家屋茶室等を見ますと実に清浄整頓法が行き届いて居ます事は驚くほどであります。しかも不思議なことには西洋家屋、家具および公共物に対しては全然別人の如き有様で、まるで野蛮人の如きと致すのであります。（讀賣新聞・一九三〇年三月二五日付）

こう指摘するのは、東京家政学院の創設者である大江《おおえ》スミ（一八七五〜一九四八）です。関東大震災からの復興事業が完成した一九三〇（昭和五）年、「帝都復興祭」を前に大江は東京の街の様子について語っています。震災後の東京には、災害に強い街を目指して鉄筋コンクリートの建物などとともに、幅の広い道路や橋、避難所となる公園が造られました。街がきれいに整備される一方で、人々は所構わずゴミを捨てていく、そんな矛盾した状況を大江は非難しているのです。

震災後、街がきれいに整備されたことで、捨てられるゴミがとくに目立つようになったという事情があったのかもしれません。しかし、東京にかぎらず、当時は日本のどこの街にもゴミが散乱していました。捨てられていたのは、食べ物の包み紙や食べ残し、街頭で配られたビラ、鼻紙、マッチ、そして吸殻などです。ゴミ箱が設置されていても、それを無視するかのように路上にゴミが捨てられていました。

なかでも、とくに目立ったのが紙くず、タバコの吸殻、果物の皮です。当時の新聞記事などから判断するかぎり、これらが「トップ3」だったと言えるでしょう。ペットボトルやプラスチック製容器包装がまだなく、喫煙にも寛容だった当時の暮らしがここから垣間《かいま》見えます。ゴミの種類は違えど、道端にゴミをポイ捨てする人が多かったことは昔も今も変わりません。大江は次のように続けています。

日本風の宿屋の畳の上にはまさか蜜柑の皮、マッチのから、煙草の吸殻などを捨てませんが、一路へだてばステーションの床、あるいは列車内の床、劇場内の絨毯《じゅうたん》の上にでも種々の物を捨てます。もちろん道路にも紙屑、煙草の吸殻を捨てることは何とも思っておりません。この悪習慣は教育ある人々には無いかと申すと、教育ある人また相当の身分の人も致します。神宮外苑の競技場のスロープなどにも中学大学の教育を受けた立派な学生たちが盛んに紙屑を捨ててかえりみない習慣を見ますと、これはたしかに家庭教育上学校教育上行き届かぬ点があると思います。

街を汚していたのはゴミだけではありません。痰唾《たんつば》を吐き散らす、立小便をする、下水の水を道路にまくなど、衛生上問題のある行為が頻繁に見られました。これらは美観を損ねることよりも、伝染病を蔓延《まんえん》させる恐れがある点で問題視されたのです。なかでも、結核菌を広める恐れのある痰唾《たんつば》はとくに注意されていました。当時は、「カーッ、ペッ」という音が街の至る所で聞かれたようです。

戦前は結核の有病者が非常に多く、昭和一〇年代から二〇年代前半にかけては日本人の死因第一位となっていました。結核の罹患率《りかんりつ》は、明治以降、一貫して上昇していきます。戦後になって抗生物質や予防接種が普及するまでは「不治の病」とさえ言われていたのです。まだ有効な治療法がなかった時代、国は少しでもその流行を抑えるべく、衛生に関する啓発をはじめとした対策を進めました。

一九〇四（明治三七）年には「肺結核予防規則」が施行され、駅や劇場、待合室などに痰壷《たんつぼ》が置かれるようになり、痰唾はその中に吐くようにという指示がなされました。空気中を漂う菌によって感染するとの認識が広く共有されるにつれ、人々の結核菌を防除することへの意識も徐々に高まっていったのですが、こうした動きをあざ笑うかのように、所構わず痰唾を吐く人は絶えませんでした。道路上はもちろん、駅のホーム、階段、さらには列車やバスの床までが痰唾で汚されていたのです。近くに痰壷があるにもかかわらず、それを知ってか知らずか、地面に吐き出していく人も珍しくありませんでした。

日本人が痰唾を吐く習慣について、ある外国人が次のように述べています。

今度の旅行中、勿論《もちろん》偶然ですが、二度も三度も、私の船室は日本人の船室の隣りでありました。ですから毎朝毎晩、無遠慮に大きな音を立てて咽喉《いんこう》をガアガア鳴らしたり、ペッペッと唾液を吐き出したりするのを手に取るように聞かされて、実に不愉快千萬、全く閉口しました。

運の悪いことは、この帝国ホテルでも、隣室がまた日本人のお客でしたので、またも毎朝毎晩咽喉の練習で、ガラガラガアガア。痰を吐く音はハッ、ペッペ。おまけに一種特別の腹鳴りの響（アノ瓦斯《ガス》発散のこと・訳者附記）〔ママ〕さえ聞えるのです！　ホテルを私宅とでも心得違いして居るのかしらと思われます。（と最初からこの調子で、以下ますます辛辣《しんらつ》になる。訳者附記）

汽車電車の中や停車場の待合室などはそれ以上なのです。多勢の人前であたかも咽喉科医の施術を受ける患者のように、口中の奥の奥まで見えるような大きな口を開けて（丁度歯科医の競技展覧会と言わんばかりに、入歯だらけの）口を開けてガアッと大きく咽喉を鳴らして床板の上へ痰を吐くのです。しかも痰壷はそこに備え付けてあるのに、その中へは吐かずに、床板の上へ吐き出すのです。これ等の人達は公共運輸機関の床板と地べたとの区別を知らないのでしょうか？　そんな人達でも、まさか、お内《うち》では畳の上へ痰を吐くことはしなかろうと思われますが。（堀口九萬一『世界と世界人』七一〜七三ページ）

これは、フランス人の女性記者アンドレ・ヴィオリス（Andre Viollis）が、その著書『ル・ジヤポン・インチーム（Le Japon Intime）』に記した日本人についての批評です。それを、堀口九《ほりぐちく》萬一《まいち》（一八六五〜一九四五）が自著のなかで紹介したものです。欧米では、公共の場で痰唾《たんつば》を吐くことはもちろんマナー違反です。記者が多少神経質になっている感は否めませんが、痰唾を吐くという日本人の習慣は、外国人からは非常に不評だったことだけは事実です。

ゴミ捨て場と化していた河川

河川の汚染は、一般家事用水、工場廃水等に因《よ》る外《ほか》、塵芥《じんかい》〔ゴミ〕、汚物の投棄がまたその一因である。例えば高津入堀、難波新川、鼬《いたち》川等の水質が特に屎尿《しにょう》を混入せる形跡明《あきら》かなる如く、また全河川を通じその表面上に流るる物質のみを挙げても畳、障子、犬、猫、鼠《ねずみ》等の死体。カマス〔むしろでつくった袋〕、筵《むしろ》、縄、浮草（特にさんしょ藻にして、大雨の後城東方面の低地に溜った汚水を流すもので雨後必ずこの浮草が河川一面に流れている。）紙屑、電球、材木、箱、木片等枚挙《まいきょ》に遑《いとま》なき有様から見ても明かである。（藤原九十郎「市内河川の汚染度に就て　鼻をつく大都会の悪臭」『大大阪』一〇巻五号、三七ページ）

全国各地の河川、とくに人口密集地を流れる川は、街中と同じように道徳心を欠いた人々によって汚されていました。一九三三（昭和八）年、大阪市立衛生試験所は市内三〇か所の河川について水質検査を実施しました。右記は、同所長の藤原九十郎《ふじわらくじゅうろう》が記した結果報告の一部です。

当時はまだ大阪市内に下水処理施設が十分に整っておらず、工場や家庭からの廃水が川を汚染していました。しかし、それ以外のもの、つまり不法に投棄されたと思われるゴミも大量に川を流れていたのです。街の路上とは比較にならないくらい、河川にはありとあらゆるゴミが捨てられていたことが報告書からも分かるでしょう。河川にゴミを捨てることはもちろん違法ですが、取り締まりを行っても不法投棄が後を絶つことはなかったのです。


金沢市上柿木畠《かみかきのきばたけ》藤屋旅館前を〓流する鞍月《くらつき》用水は従来全く塵芥《じんかい》の捨場同然の有様で、金沢市当局は月に一二度川ざらえを行っているが、それでも次から次へと炭俵一杯に詰め込んだゴミや古い屋根板をはじめ不潔物等を投げ込むので、忽《たちま》ち河の中は塵芥で埋もる有様である。

（北國新聞・一九二八年三月一七日付）


これは金沢市の事例です。ここでも、市民が家庭から出るゴミをまとめて捨てたり、事業者が作業中に出た廃棄物を投げ入れたりするなど、川をゴミ捨て場と考えている人が多かったようです。金沢市は当時、付近住民の苦情を受けて定期的に河川の清掃を行っていました。しかし、すぐに山のようにゴミが積まれていく状態で、担当者も頭を抱えていたようです。

河川に捨てられたゴミは、美観を損ねるだけでなく悪臭などの公害も生み出します。警察は各家にゴミ箱が設置されているかを調査し、ない場合は設置を命令しました。同時に、河川へゴミを捨てる現場を発見した場合は厳重に処罰する方針を発表しました。

なお、当時の警察は、犯罪捜査などを行う「司法警察」としての役割よりも、社会秩序を乱す者を取り締まる「行政警察」としての役割に重きが置かれていました。ゴミの不法投棄を取り締まるなど公衆衛生の維持を担うことも、警察の重要な任務となっていたのです。

続いて、京都市の事例を紹介しましょう。京都の川というと、市内を流れる鴨川に代表されるように、古都の風情がただよう美しいイメージがありますが、かつてはゴミがあふれ、他の川と同じく無残な姿をさらけ出していたのです。

『洛中塵捨場今昔《らくちゅうちりすてばこんじゃく》』（山崎達雄著）という本によると、すでに江戸時代から河川へのゴミ投棄が大きな問題となっていたようです。とくに、堀川と高瀬川の汚染が問題視され、京都町奉行所が制札《せいさつ》（禁止事項などが書かれた立て札）を出して投棄を禁止していましたが、決してやむことはありませんでした。もちろんと言うべきでしょ

現在の鴨川の様子。涼しくなるとカップルの列ができる（2013年夏）

うが、こうした状況は明治に入ってからも続きます。

京都府は一八七六（明治九）年に「違式詿違条例《いしきかいいじょうれい》」を制定・施行しました。この条例には、ゴミ投棄の禁止のほか、立小便の禁止、糞尿《ふんにょう》運搬の規制などが盛り込まれていました。しかし、法の制定でゴミの投棄がなくなったわけではありません。

今挙げた都市以外でも、状況は似たようなものでした。ゴミの処理は、今日においても大きな都市問題となっています。処理システムやリサイクル技術が発達した現在でさえ、依然として問題となっているのです。量的に見れば今日のほうが圧倒的に多いのはまちがいないでしょう。ただ、都市化の進行に比して処理能力がまったく追いついていなかった時代であったことを考えると、戦前のゴミ問題が現在以上に深刻な状況にあったことは容易に推察できます。

ゴミ処理に関して、東京の事例として次のような記述があるので紹介しておきましょう。

午前六七時頃または午後五六時の頃東京の市街を通行せば、商家その他の店前あるいは路《ろ》次《じ》〔ママ〕等を掃除せる者が掃き集めたる塵芥《じんかい》汚物等を容赦《ようしゃ》無く近傍《きんぼう》の溝に投棄し居《お》るを見るべし。これが為め、溝には塵芥堆積《たいせき》して悪臭を発し、かつ下水の流通を妨げて諸人《しょにん》の迷惑如何《いか》ばかりなるを知らず。特に横着の最も甚しきものは、丸の内にある官街の小使《こづかい》等が御堀の中へ塵芥を投げ込むことにて、これが為め御堀の水は大《おおい》に不潔となり、体裁上《ていさいじょう》衛生上甚《はなは》だ面白からざる事に立至《たちいた》るなり。これも公徳の観念乏《とぼし》きより来《きた》る結果なるべし。（讀賣新聞社編『公徳養成之実例』二七〜二八ページ）

日本人は、昔から清潔を好む民族と言われてきました。しかしそれは、自分たちの家の内側にかぎったことで、家の外、すなわち公共空間に対してはあまり関心がなかったようです。家の中をきれいにする一方で、そこから出たゴミや汚物は平気で外に捨てる。公共空間が汚れてもおかまいなしです。そのゴミ・汚物が悪臭だけでなく病原菌の温床となることが一般庶民に認識されるようになったのは、明治以降のことです。もっとも、そうした認識が必ずしもマナー・モラルの向上にはつながらなかったことは、言うまでもありません。

一九〇〇（明治三三）年、日本初となるゴミ処理に関する法律「汚物掃除法《おぶつそうじほう》」が制定されました。それ以後、国や自治体によってゴミ問題への対策は徐々に強化されていきます。

しかし、昭和一〇年代後半、戦局が悪化するにつれて、ゴミを処理するための燃料や人員が不足するようになっていきます。そのため、とくに戦争末期の東京では、路上がゴミ捨て場のようになっている光景は珍しいものではありませんでした。ゴミのリサイクルが積極的に行われていたとはいえ、それにも限界があったのです。処理システムが正常に機能していないなか、ゴミが回収されずに街中に残されているという状況はやむを得なかったと言えます。また、次のようなケースもありました。

> 淀橋区（現・東京都新宿区西部）の裏道にある壕《ごう》の中には厨芥《ちゅうかい》が捨ててあった。擬装でもあるまいに。待避壕の屋根がゴミ捨場になっている所は至るところに見られる。（東京朝日新聞・一九四四年一〇月一二日付）

この記事は、東京への空襲が本格化する約一か月前に書かれています。ちなみに、「厨芥」とは台所から出るゴミのことです。捨てる場所に困っていたという事情があったとはいえ、あろうことか市民が避難するための待避壕に捨てるという行為に至っては、道徳心の低さに起因するとしか言いようがありません。

身勝手な人々に荒らされた公園

まず二十五六のお内儀《かみ》さんがベンチに腰かけて、蜜柑《みかん》をむいて口に頬張《ほおば》っては食べたかすをポンポン前へ投げる。高さ二尺〔約六〇センチ〕直径一尺五寸〔約四五センチ〕もある大きな紙くずかごには見向きもしない。それを四ツ位の可愛い女の児《こ》が見様見真似《みようみまね》で同じ様に口からポンポン捨てている。全くこの親にしてこの子ありだ。少し離れて小学生が三人、キャッキャッと騒いでいるのを見ると、かごを目がけて蜜柑の皮を入合《いれあ》いっこをしている。かごに入れることは知っているのだが、それがみんな的《まと》を外れてかごの周囲に落ちる。その他リンゴやバナナの皮など芝生の中、植込の中まで投げ捨てられている。（東京朝日新聞・一九三〇年三月二〇日付）

この記事のように、公園も道徳心の低い人たちによって荒らされていました。記事に書かれている場所は、昭和初期の東京・上野恩賜《おんし》公園です。ここは、一八七三（明治六）年の太政《だじょう》官布達《かんふたつ》により指定された日本でもっとも古い公園の一つです。当時から、人々の憩いの場として親しまれていましたが、街中と同様、紙くず、新聞紙、食べかす、果物の皮などが園内の至る所に散乱していました。「美しき公園都の誉《ほま》れ」という東京市の標語（一九二八年）がむなしく聞こえます。

公園を汚す人々の様子を伝えた〈東京朝日新聞〉昭和5年3月20日付

毎年、花見の季節になると、この状況はよりいっそうひどくなりました。左記はその様子を紹介した記事です。場所は東京・飛鳥山《あすかやま》公園、四月初旬のある日曜日の光景です。

人波にもまれながら公園の入口に来た時、何ともいえない異様の臭気に胸が一杯になった。それればかりではない。見渡す限りの紙くずはたいしたものだ。どこからこんなに出たかと思われる程の紙くずが全山をおおうて、我々は一面の紙くず上を歩いている。しかもそれが時

花見客でにぎわう上野公園〔明治末〕（国立国会図書館所蔵）

現在の上野公園。国立博物館前の様子

々吹く風に舞い上るのだからやりきれない。その他空びん、むしろ、ミカン〔ママ〕の皮などの上へ醜《しゅう》態《たい》極まりない酔いどれが正体もなくゴロゴロ塵《ちり》にまみれて寝ていた。そして不潔な濁水《だくすい》が便所の外まであふれだしている。（東京朝日新聞・一九三〇年四月八日付）

一読しただけで、どれだけのゴミが園内に残されていたかが想像できます。花見シーズンは一年のなかでもとくに汚される時期でしたが、年間を通してゴミが散乱していたのも事実です。しかし残念ながら、問題はゴミだけにとどまりませんでした。同じく東京・井の頭恩賜《おんし》公園の様子について、ある利用者が新聞の投書で若者らの心ない行為を嘆いています。

〔前略〕その中で一番残念なのは、中等学校以上の生徒達の所業《しょぎょう》です。現に一昨日《いっさくじつ》も、園内の有名な檜《ひのき》の古木の幹に女優の名を彫って行った角帽の青年が

井の頭公園に吊るされている現在の注意書き

ありました。その外《ほか》、池中の水鳥にきっと石を投げます。新緑の木々の枝を乱暴に折って了《しま》います。植えてある草花を抜いて持って行って了《しま》います。（讀賣新聞・一九二二年六月二四日付）

園内の植物が荒らされることは日常茶飯事でした。ゴミ問題同様、やはり花見シーズンはこの傾向が強くなり、花見客が桜の木の枝を折って持って帰ることは珍しくなく、毎年花見の季節が終わるころには枝を折られた無惨な姿の桜の木が残されました。東京市の女学校に通うある生徒は、市内の公園の植物が荒らされていることについて次のように述べています。

一日の労を休め、心の洗濯場である公園に行って、樹木や草木が折られたり、傷《きずつ》けられているのを見た時、何とも云《い》えぬ暗い気持になります。また人の通る道に面した生垣《いけがき》が甚だしく傷《いた》められて居ると云う事実は、私共としてよく考えねばなりません。その道を歩く多くの人が、殆《ほとん》ど無意識に、木の葉をちぎって行く結果です。公園は大勢の人の為に作られた物で、木の葉一枚、草一本も公の物と云う考えさえあれば決してこんな見苦しい様にはなりません。
（財団法人東京市政調査会『小市民は東京市に何を希望しているか』一六～一七ページ）

公園を荒らすのは、子どもや学生とはかぎりません。年齢を問わず、道徳に反する行為をする人が絶えなかったのです。次に挙げる事例にも、そのことが記されています。

公共の建物、例えば上野公園に於《お》ける西郷翁《さいごうおう》の銅像の如きものへ、紙を噛《かん》で投げ付ける人多きを見る。事極めて些細《ささい》に属すれども、所謂《いわゆる》公徳心欠乏の実例を示すものにて、公園の美観を損すること樹木を折り共同椅子《いす》を壊すものに譲らず、それも頑是《がんぜ》無き〔善悪の判断がつかない〕小供《こども》のする事ならば兎《と》に角《かく》、立派なる紳士または学校の制帽を被《かぶ》りし人が、この悪戯《あくぎ》を敢《あえ》てするに至りては、公徳欠乏の病患《びょうかん》深く膏肓《こうこう》に入れる〔治しようがないこと〕を知るべし。いわんやまた例令《たとえ》銅像とは言え、これに対して侮辱《ぶじょく》を加うるはその人を尊敬するの道にあらざるをや。
（讀賣新聞社編『公徳養成之実例』二一三～二一四ページ）

子どものいたずらでなく、一定の教育を受けた人が銅像にゴミを投げつけたり、樹木を折ったり、椅子を壊したりする。非常に嘆かわしい光景が、日常的に公園で繰り広げられていたのです。

上野公園・西郷銅像〔明治末〕（国立国会図書館所蔵）

続いて、東京の旧芝離宮恩賜庭園《きゅうしばりきゅうおんしていえん》のケースを紹介しましょう。ここは、一九二四（大正一三）年に東京市の所有となり、市民に開放された庭園です。同年四月二〇日に開園し、初日に一万五〇〇〇人もの人が訪れ、その後日増しに入園者が増えていきました。市は園内の芝生を守るため、入園者の履物を靴か草履《ぞうり》に制限していたのですが、下駄を預けるのが面倒だといってそのまま芝生に入る人が絶えませんでした。

その結果、開園からわずか一日で芝生が無残にも踏み荒らされてしまったのです。市の担当者は、「禁止の芝生地へ団体で入り込み園丁《えんてい》〔公園の手入れをする人〕の止めるのも聞かで鬼ごっこなどをし、あるいは酒もりをするなど無遠慮な乱暴ものがあったりした」（讀賣新聞・一九二四年四月二三日付）と嘆いています。

一九〇三（明治三六）年に開園した、日本初の近代西洋式公園として知られる日比谷公園でも利用者の道徳心の低さが露呈されていました。ゴミの散乱はもちろん、公園の設備、草花を荒らす人が絶えなかったのです。一九三〇（昭和五）年三月二六日付の〈東京朝日新聞〉に掲載された事例をいくつか挙げてみましょう。

最近日比谷の花壇では二三日前から花壇のヒヤシンス、シネラリヤ等を続々引っこ抜いて盗《と》ってゆく者がある。昼間も一寸《ちょっと》園丁が目を離してる隙《すき》に抜いてゆく。昨年も見事にさいたチューリップが根こそぎ盗られた。そこで同公園では日下《もっか》朝四時から夜十二時まで番人をつけている状態である！

〔犬に〕ひもをつけて歩くのはまだ好《よ》いが、雇人《やといにん》が運動のために連れて来て園内で放すので、花壇の芝生をかけ回り花を倒したり足跡をつけたりいろいろの悪戯をする。

さるや水鳥に石を投げたり、マッチを燃やして与えたり、ステッキで突いたりして悲鳴を揚《あ》げるのを見て喜ぶ人がある。

〔便所には〕汚《けが》らわしい落書《らくがき》が多いため子供など用便をさせられぬことがある。

ブランコやスベリ台を大人で横取りして遊ぶのがある〔ママ〕。これは別に大人専用のがあるのだからこれを使ってもらいたい。

いずれも、公園で働いていた人の話です。な

大勢の人でにぎわう日比谷公園音楽堂〔明治末〕（国立国会図書館所蔵）

んとも情けない行動の数々です。同じく、日比谷公園に関して次のような指摘もあります。

日本人が規則を守らざるに付きては、随分奇談も少なからず。例えば日比谷公園の土工中通行禁止の制札《せいさつ》は立ちあれども、通行人は一向平気にて往来し、中には態々《わざわざ》人力車より下《お》りて車の引入れ難《がた》き溝をば手伝い越させて乗抜《のりぬ》ける野蛮人すらあり。またお堀の堤《どて》には始め「堤に上《のぼ》るべからず」という制札ありしに、近年改めて「此《この》堤に上るべからず」と特に「此」という字を挿入《さしい》れて、どこの堤の事だか分らぬなどなど分らぬ理屈を並べ立て無理にもぐり抜くるが如き者をして理屈なからしめんが、為《ため》さては余計の処置をさへ取るの已《や》むなきに至れり。またもって厄介者の多きを知るべし。（讀賣新聞社編『公徳養成之実例』六六ページ）

ルールが周知されていなかっただけならまだしも、禁止の制札があるにもかかわらず、それを無視したり、理屈を並べて違反を正当化されたりしては呆《あき》れるほかありません。昭和初期に日本を訪れた外国人の多くは上野公園や日比谷公園を散策しましたが、口々に園内が汚いという感想を漏《も》らしていたようです。戦前の評論家である帆足《ほあし》みゆき（一八八一～一九六五）は、日本を訪れたあるアメリカ人から次のようなことを言われたと述べています。

〜日本人は上野公園の如き立派な公園をもっていながら、そこを芥棄場《ごもくすてば》同様に、紙屑や果物の皮を一杯まき散らしているし、どこにでもチョークやインキ（墨）で楽書をしているが、あれを日本人は何とも思わないのか。（帆足みゆき『現代婦人の使命』一八七ページ）

これに対して帆足は、「咽喉《のど》が詰まって何とも云《い》いわけの言葉が出なかったのです」と懐述《かいじゅつ》しています。まったくもって耳の痛い話です。

先に紹介した通り、当時の日本人のなかにも、公園が汚される状況にやりきれない思いを抱く人はいました。彼女もその一人だったのでしょう。しかし残念ながら、「何とも思わない」大勢の人たちにその思いは届いていませんでした。

今日、日本各地にある公園は、その多くがきれいに整備されています。もちろん、ゴミがまったく落ちていないわけではありません。しかし、上野公園にせよ、日比谷公園にせよ、戦前にあったようなひどい状況はまず見られないでしょう。整備、清掃が行き届いているだけでなく、かつてに比べて利用者のマナーが向上していることは紛れもない事実と言えます。

不潔きわまりない銭湯の湯

まず湯槽《ゆぶね》の中に入るに、予《あらかじ》めその躰《たい》を洗うは宜《よろし》けれども、広からぬ槽中《そうちゅう》には二三の浴者《よくしゃ》静かに蹲踞《うずくま》り居《お》るにも拘《かかわ》らず、無遠慮にも手拭《てぬぐい》を以《もっ》て湯を掻《か》き廻《まわ》し、飛沫《とばっちり》を浴者の面《めん》に打《うち》かくるも頓着《とんちゃく》なく、さらに唯己《ただおの》れ熱しと云《いっ》ては縦《ほしいま》まに水をうめさせ、ぬるしと云《いっ》ては熱くさせ、高聲《こうせい》に唄《うた》い騒ぎ、やがて槽外に出でては岡湯〔上がり湯〕水槽《みずぶね》の傍《かたわら》に大胡坐《あぐら》を組みて長々と時間を費やし、他人が湯水の汲取《くみとり》に困難するをも構わず、濫《みだり》に石鹸、糠《ぬか》を流して他人の躰を汚すも顧みず。（讀賣新聞社編『公徳養成之実例』一七ページ）

内風呂がまだ一般に普及していなかった時代、多くの人が公衆浴場（銭湯）へ通っていました。公衆浴場は、不特定多数の人が集まる場所です。当然のことながら、他の利用者に気を配らねばなりません。にもかかわらず、当時は周りの迷惑を顧みず自分勝手な振る舞いをする人が少なくありませんでした。湯船に手拭いを入れてかき回す、自分の好みで勝手に湯を熱くしたりぬるくしたりする、大声で歌をうたう、上がり湯が入れてある水槽の前であぐらをかいて他の利用者の邪魔《じゃま》をする……。今日でも、スーパー銭湯などで同様の振る舞いをする人はいるかもしれませんが、どちらかといえば例外的な存在と言えるでしょう。同書は続けます。

就中《なかんずく》〔とくに〕小児を伴いたる輩《やから》が湯桶《ゆおけ》数個を占有して、他に手を空《むな》しくしてこれを求むるものあるも、さらに目も呉《く》れざるが如きは、いつも見る所なるが、甚しきに至《いたっ》ては銭湯場の清潔を旨《むね》とするに拘らず、小便御断《おことわり》の張札《はりふだ》あるを知らず、流し湯の中央に於《おい》て放尿を試むるあれば、疽物《はれもの》の膏薬紙《こうやくがみ》を剥棄《はぎす》て、あるいは啖《たん》を吐散《はきち》らして厭《いと》わざる無法者あり、実に怪《け》しかる仕打《しうち》というべし。（前掲書一七〜一八ページ）

子どもが桶をいくつも占有するというのもありがちな光景です。単に周囲の人が嫌な顔をする程度の行為ならいいのですが、小便をしたり、腫れ物に付けていた貼り薬を剥《は》がすなど衛生上の問題がある行為となると話は別です。不潔な銭湯の実例として、次のような新聞記事もあります。

夜の銭湯を試験してみますと、汚いお話ですが屎《ふん》、膿汁《のうじゅう》、垢《あか》、内膜分泌物等実に不潔な物が澤山《たくさん》交《まじ》っているのを発見します。眼に見えませんので、この浴槽の中で口を洗っている人さえあります。多くの人々は共同便所に入浴していると言ってもよいような銭湯に対して、警察側の取締りはただ「浴場に痰唾を吐くな」という位に過ぎません。これは言うまでもなく一般の人が公徳を重んずるようにならなければ、容易に改まらない事ですが、当局の方でも今少し注意して欲しいと思いま

京都市千本今出川上ル東側にあった銭湯〔昭和14年頃〕（梅寿堂茶舗提供）

す。（讀賣新聞・一九一五年一一月二二日付）

ある医学博士の談話をまとめた記事ですが、率直に汚いとしか言いようがありません。今日の銭湯は、都道府県の条例で定められた水質基準に従って衛生管理がなされています。ろ過装置がなかった当時、営業中の湯船の衛生状態は基本的に利用者の道徳に委《ゆだ》ねられていたのです。

銭湯の様子について、次のような記述もあります。

男湯では十人の中三人まではお尻を洗わないで湯ぶねにドンプリ入り、前をゴシゴシこすり、背中を縦横に流す。これが田舎者ならいざ知らず、ひげを蓄《たくわ》え洋服を着る先生方にも少《すく》くない。（東京朝日新聞・一九二六年四月二九日）

風呂屋を洗濯場と心得てるお内儀《かみ》さんの多いには驚き入ります。勿論《もちろん》それは少数の多分極《きま》った人ではありますが、いつだって一人や二人見かけない事はありません。まっ黒な足袋《たび》、エプロン、肌じゅばん、それから男ものまで、東京にはまさかと思いました。驚きました、やっぱりどうするかと足袋、エプロン……その泡のついた桶が上り湯に入るのです。そうでなくとも、上り湯の上一面には桶についた垢がういているのに。さて、それらのお湯や水を、赤ちゃんが、小さいバケツに入れて小さいひしゃくで、チュウチュウ飲んで居ます。または、石鹸箱で。全くハラハラしてしまいます。（讀賣新聞・一九二九年八月一二日）

男湯、女湯を問わず、衛生面の道徳心に欠ける人が大勢いたようです。
戦前の公衆浴場の様子は、画家・山本作兵衛《やまもとさくべえ》（一八九二〜一九八四）の記録画にも詳細に描かれています。

一八九二（明治二五）年に生まれた山本作兵衛は、半世紀以上にわたって筑豊の炭鉱で働き、六〇代半ばになって昔の炭鉱の様子を絵に描きはじめました。その数、一〇〇〇点以上にも上ります。日記とともに描かれた炭鉱画は、二〇一一年に日本で初めてユネスコの世界記憶遺産に登録され、現在、田川市石炭・歴史博物館でその一部（レプリカを含む）が展示・紹介されています。

そのなかの一枚に、炭鉱労働者が入る浴場を描いた作品があります。浴場は男女混浴、入れ墨のある男性や、前を隠すそぶりも見せない女性たちが浴槽に入っています。作品には、次のような説明文も記されています。

まっ黒に汚れた先山《さきやま》〔炭鉱内で採掘をする作業員〕は荒洗いもせず尻もぬらさずとびこむ人もおった、また浴槽内で石鹸も使い放しだからキタナイ事はアイガメ〔染料の藍の汁を溜めておく器〕の様になる

壁の貼り紙に「浴槽《フロ》内で石鹸を使う事　放歌《ほうか》高聲《こうしょう》を禁ず」と書かれているにもかかわらず、浴槽の縁に石鹸がいくつも置かれ、湯船の中で髪や腕、背中を洗う人が描かれています。炭坑と

いう特殊な場所だったとはいえ、当時の人々の衛生感覚やマナーの低さがリアルに伝わってきます。

今日、普段自宅の風呂にしか入らない人が、公衆浴場に来てマナーの悪さを指摘されるという話をよく耳にします。小さいころから公衆浴場で多くの人と一緒に入浴していれば、自ずと決まり事を学べると思いますが、公衆浴場へ通うのが一般的だった戦前でも、浴場でのマナーが身についていない人は決して珍しくなかったのです。

大人でさえ自分勝手に振る舞うのが日常茶飯事といった状況ではそれも必然かもしれません。手本となる大人がいなければ、下の世代に守るべきマナーが受け継がれていかないのも当然の成り行きと言えるでしょう。

山本作兵衛氏が描いた炭鉱画
©Yamamoto Family（田川市石炭・歴史博物館所蔵）

書物が大切にされなかった図書館

図書館の書籍が大変不自然に汚損されているのをしばしば見受けます。多数の人に読まれるのですから、日がたつにつれて自然に汚損するのは当然ですが、黒や赤や青のシルシは故意としか思えない程乱暴なものです。殊《こと》に他の迷惑も顧みず、ある部分のページを切取るなどは全く言語道断です。また余白や欄外へ自分勝手な文句を書込んでありますが、これも不快です。シルシをつける人達は一体その本を繰り返し読むためなのでしょうか。（東京朝日新聞・一九二九年一一月七日付）

本が汚損されるという問題は、今日も図書館を悩ませています。戦前においても状況はまったく同じで、利用者や管理者がこの問題を訴える声はやむことがありませんでした。

借《かり》た本の内容が滅茶々々《めちゃめちゃ》だ。支那の古書で大切なさし絵なんかみんなもぎとられて影もないものや、何々■集でありながら台紙ばかりのもの、十ページ二十ページと切りとられているもの等を、麗々《うやうや》しく十年一日の如く、貸して下され候段《そうろうだん》誠に恐縮至極《きょうしゅくしごく》に存《ぞん》じ奉《たてまつ》り候《そうろう》だ。（東京朝日新聞・一九二六年八月二一日付）

本を借りて見れば手垢《てあか》で眞黒《まっくろ》、落書がしてあったり、ひどいのになると大切な個所を切りとってある、実に公徳心の欠如も甚だしいといわなければならぬ。閲覧者の猛省《もうせい》を促す次第である。（讀賣新聞・一九三九年三月六日付）

図書館の蔵書への線引き、落書き、ページの抜き取り……。公共の書物を汚したり、私物化したりする人が後を絶ちませんでした。図書館を利用するくらいの人ですから、まったくの無知ゆえにルール・マナーを犯したとは考えにくいところです。

本の汚損という行為以外でも、混雑しているにもかかわらずあとから来る友人の席を占有したり、大声で談笑にふけったりするなど、道徳心に欠ける人が日常的にいたようです。そのなかでも、図書館にとってもっとも悩みの種だったのが本の盗難です。

辻新次《つじしんじ》氏の管轄する帝国教育会の書籍館に就《つい》てこれを見るに、観覧者の多くは皆々夫々《それぞれ》中等以上の教育を受くる者なるに、大切なる書冊《しょさつ》を窃《ぬすみ》に持ち去りて、復《ま》た返さざるものあり。辻氏も斯《かか》る事の度々《たびたび》あるに驚き、監督者を置きて書籍の受渡を厳重にしたるに、この度《たび》はまた監督者の目を掠《かす》めて書籍中の或部を切抜き、そのまま懐中《かいちゅう》して帰るものを生じければ、切抜きたる書はまた用を為さざるに至り大《おお》いに迷惑したりと云《い》えり。（讀賣新聞社編『公徳養成之実例』二六ページ）

帝国教育会附属書籍館〔明治31年頃〕『千代田図書館八十年史』
（千代田図書館所蔵）

現在の千代田区立図書館の閲覧室（千代田区立千代田図書館提供）

記事中に「書籍館」とありますが、これは今日の図書館のことです。大日本教育会会長の辻新次《つじしんじ》（一八四二〜一九一五）は、明治時代、社会教育の充実を目指して図書館設立を構想します。そして、辻の尽力《じんりょく》により誕生したのが大日本教育会附属書籍館です（現・千代田区立図書館）。一八八七（明治二〇）年に東京で開館し、閲覧料を徴収しながら運営されていましたが、道徳心に欠ける閲覧者が多かったために書籍の紛失や破損が頻繁に発生します。そのため書籍館は、事務員を増員しての対応を余儀なくされたのですが、財源の乏しい大日本教育会にとっては管理費の増加は大きな負担となっていきます。その結果として、運営が困難となった書籍館は一九一一（明治四四）年に東京市へ移管されるに至りました（佐藤政孝『東京の近代図書館史』二七〜三三ページ）。

膨大な量の書籍を管理し、盗難や破損を防ぐために監督者を配置するとなると相当の費用負担が生じます。今日のように管理用のバーコードや持ち出し防止の磁気タグもなかった時代のこと、そのすべてを人手に委ねていたとすれば膨大なコストがかかることは容易に想像できます。しかし、当時の利用者のなかで、そんなことを考える人はほとんどいなかったのでしょう。

テーブルからモノが消えるパーティー会場

〜　我邦《わがくに》にては、外務大臣が国家の経費を以て、聖寿無窮《せいじゅむきゅう》を祝する為《た》め、内外貴紳《ないがいきしん》を招待する天長節《てんちょうせつ》の夜会に食器の紛失する事度々《たびたび》にて、毎年帝国ホテルに開く同会にフォーク、匙《さじ》は勿論《もちろん》、煙草などは箱ぐるみ持去る者ありとは誠に恥かしき次第なり。（讀賣新聞社編『公徳養成之実例』三五ページ）

天長節とは、かつての天皇誕生日のことです。これを祝う政府主催のパーティーに国内外の紳士らが出席したわけですが、このような身分の高い人たちが集まる場でモノを持ち去るという行為が見られたというのは、たしかに恥ずべきことです。

図書館の本同様、パーティー会場のテーブルからフォークやスプーン、タバコを持ち去る行為は、もちろん窃盗罪にあたります。今日でも同じようなことをする人がいないわけではありませんが、当時はこれが日常的な光景だったのです。と同時に、こうした恥ずかしい行為が日本人の習慣と見なされる風潮すらありました。

一九二一（大正一〇）年四月二〇日に新宿御苑で行われた「観桜御会《かんおうごかい》」の様子が、同年四月二二日付の〈讀賣新聞〉で紹介されています。当日の参列者は、外国人を含めて三八八四人。桜を鑑賞したあと、立食形式のパーティーが催されました。宮内省（現・宮内庁）は五五〇〇人分の料理を準備し、テーブルにはサンドイッチ、菓子、チョコレート、コーヒー、紅茶など、洋風の飲食物がきれいに並べられました。しかし、いざ会がはじまると、そこは「狼藉《ろうぜき》の修羅場《しゅらば》」と化したのです。

綺羅《きら》びやかな装いをした一団の紳士夫人の連中は、白昼しかも高貴の人々の前に押し合いへし合い我れ勝の奪い合いを始め、中には主人、妻、令嬢《れいじょう》と代《かわ》る代《がわ》るハンケチや風呂敷を持ち出し、菓子は素《もと》より菓子台まで包み込んで五千五百人分の賜餐《しさん》〔天皇から賜わった食事〕が三千余の参列者で瞬《またた》く間に無くなり、さしも丈夫な食卓迄《まで》が壊れてしまった。しかもこの不体裁《ふていさい》は、全く御下賜品《ごかしひん》の幾分を家人《かじん》に分《わか》とうとの心からであった為《ため》で、分けて婦人連に多かった。そしてこれらの人々は役人とすると何《いず》れも高等官五等以上の人達である。御苑《ぎょえん》内に在《あ》る内《うち》は陛下の御前とも心得べき事であるから、不敬な事を慎《つつし》まねばならぬ許《ばか》りでなく外国貴賓《きひん》に対しても実に不面目《ふめんぼく》極まる話であるから、今後の参列者は呉《く》れ呉《ぐ》れも注意して欲しいと思う。（前掲紙）

宮内省の高官はこのように述べ、不作法きわまりない参加者の行為を嘆きました。しかし、こうした宮内省側の発言に対して、ある参列者が反論しています。

こんな問題を今更《いまさら》宮内省の大官が公然口に出し世間に発表するとは非常識も甚だしい。なるほど、中にはそんな醜態《しゅうたい》を演じた人もあるようだが、これらの事は要するに宮内省で予《あらかじ》め参列者に注意して欲しい事で、昔から日本婦人の習慣として、人前で食べる事をせずに多く紙とかハンケチに包んで持ち帰る事は良くある事だ。〔中略〕やれ五千五百人分の菓子などが三千何人の為に無くなったとか、菓子台まで持ち出したとかいうに至っては言語道断の話で、元来観桜御会は一に陛下の思召《おぼしめし》であるに見ても、宮内当局が何かというべき筋合《すじあい》のものではあるまい。素《もと》よりこれを一般に注意する事は喜んでこれを受けるが、恰《あたか》も一同を誣《し》いる〔悪く言う〕ような口吻《こうふん》を漏らせば〔それとなく分かるような物言いをすれば〕、今後参列者も激減し却《かえ》って聖旨《せいし》〔天皇の考え〕に悖《もと》る〔反する〕ような事になりはせまいか。（前掲紙）

反論として的外れである点はさておき、この発言の主は、食べ物を持ち帰る行為は日本人の習慣との認識をもっていたようです。本節冒頭で紹介した事例のように、実際、こうした悪習はほかでも多々見られました。今日も、皇居で二〇〇〇名以上が参加する園遊会が毎年二回行われていますが、さすがにこうしたひどい光景は見られないようです。

当時の日本人の習性について、次のような記述もあります。

嗚呼《ああ》古来礼儀の民とまで称せられたる我が同胞は、近頃に至りて斯《か》くまでに堕落《だらく》したるか。否々《いないな》、彼等は只《ただ》知らずして、この乱雑なる醜態《しゅうたい》を演ずるなり。西洋風の集会、食事等にては礼儀の必要無きものと思えるなり。礼儀は畳の上に坐《すわ》りたる時にのみ必要にして、西洋室、もしくは庭園等に立ちたる場合には礼儀を要せざるものと思えるなり。而《しこう》して〔そして〕、やや西洋の事情に通じたる人が、立食終りたる後、卓上にありし花卉《かき》の一輪を取り、記念の為めにこれを襟《えり》に挿《はさ》む等のことを為すを見るや、早くも西洋にては無断にて主人方の物品を持ち去りても差支《さしつか》え無きものと如くに誤解し、数日前日比谷公園に行われたる凱旋《がいせん》軍隊歓迎会の際に於《お》けるが如く、来賓《らいひん》の未《いま》だ席を去らざるに、早く既に卓上を荒らして、花卉もしくは旗の類を奪い取り、これを制止するものあるや、吶喊《とっかん》して〔大声で叫んで〕抵抗を試むるが如き暴状《ぼうじょう》を呈するに至れるなり。（讀賣新聞・一九〇六年二月二〇日付）

ここに書かれているように、モノを持ち去るという行為のなかには、本来のマナーを知らなかった、もしくは誤解していたがゆえになされたというケースもあります。集団心理が働いて、ついこうした行為に加わってしまったという人もいるでしょう。しかし多くの場合、無作法な行為をしていたのは分別《ふんべつ》のある大人たちでした。決してよくない行為だと認識していながらも、「これは昔からの習慣だから」、「周りの人がやっているから」といった理由で狼藉《ろうぜき》をはたらく人が絶えなかったのです。

なお、先の事例にある「凱旋軍隊歓迎会」に際しては、入場資格のない市民らが鉄柵を乗り越えて無断で会場に入り、食器を奪ったり観覧席を占領したりするという事態まで起きていました。公私の区別をつける、公共のマナーを守るという「常識」は、当時の日本社会にはまだ根付いていなかったようです。

第3章

誇りなき
職業人たちの犯罪

大正時代の大阪駅の荷役。当時はまだ馬が重要な輸送手段だった（国立国会図書館所蔵）

横行していた抜き取り

積荷抜き取りは、我が国運送界多年の悪習である。荷主がそれがために蒙《こうむ》る損害は、鉄道院の賠償くらいで到底追っ付く訳のものではない。鉄道院でもこれまで何年となく、抜荷征《ぬきにせい》伐《ばっ》を完全に実行して荷主《にぬし》達を安心させようと心掛けて居たが、ようやく最近になって方針が決定した。（時事新報・一九一九年七月五日付）

戦前の新聞を繙《ひもと》いていくと、「抜き取り」という言葉がよく目に留まります。抜き取りとは、運送業などに従事している者が、荷主から預かった金品を抜き取って自分のものにするという犯罪行為のこと、つまり業務上横領《ぎょうむじょうおうりょう》です。その対策として、一九一九（大正八）年に鉄道院で決定された方針は次の通りです。

第一、鉄道現業員人格向上を図る事、第二、運送店を改善するために鉄道院以外、直接に積荷を扱う運送店には、飽《あ》くまで厳正な調査を遂《と》げて新たに公認運送店たらしめ、充分な責任を以《も》って荷物を監督さする事、第三は、司法官憲の力を借りて、これまで微罪として取扱われた果物一箇《こ》、紙一枚の抜き取りでも、少しも許さずに起訴する事と云《い》うがその大体である。（前掲紙）

現場で業務に携わる人の人格向上、運送店の管理・監督の強化、抜き取りに対する取り締まりの強化、この三点をもって犯罪の撲滅を図るということです。今日も荷物を横領する犯罪は起きていますが、管理システムが向上したこともあって発生件数は少なくなっています。しかし、当時はまだそうしたシステム整備が十分なされていませんでした。

日本で郵便事業がスタートしたのは一八七一（明治四）年で、その翌年に「新橋―横浜」間に鉄道が開通し、一八七三年には本格的な貨物輸送がはじまっています。以後、郵便システム、鉄道網、輸送手段の発達により、大小さまざまな荷物が日本中を行き交うようになりました。

輸送が大規模に行われるようになると、荷物が目的地へ届くまでに不特定多数の人間の手に触れることになります。そうしたなかで増加していったのが「抜き取り」という犯罪だったのです。個人がこっそりと荷物の中身を取り出すものから、複数の人間が大胆に荷物を丸ごと持ち去るケースまで、犯行形態はさまざまでした。小さな事件の事例としては次のようなものがあります。

- 羊羹《ようかん》を小包にして送ったところ、外の風呂敷が破られ、中の紙箱にも直径数センチの穴が開けられ、指が届く範囲だけ羊羹が掻《か》き取られていた。
- 玉子を木箱に入れ、釘を打って頑丈に荷造りしたにもかかわらず、届いたときには板の一枚が取り外しできる状態になっており、中身が抜き取られていた。
- 菓子を小包で送ったところ、届いたときには菓子は半分しか入っておらず、半分は雑巾で埋められていた。

このような事件が頻繁に発生していたのです。抜き取ったことが分からないように工作した巧妙な手口があるなど、発覚しなかったケースを含めると膨大な件数に上ると考えられます。また、犯行を行う者のなかには、抜き取りを目的に転職を繰り返すという者までいました。

〔前略〕同人は昨年十月以来運送店を転々として、雇われ中百十数回、二千八百円の抜取りを働いた者で、去る四日は芝汐留駅某運送店から依頼され、神田猿楽町二三野本鉄工場に運ぶ鉄材中から二百七十円の抜取りを働いている。発覚の端緒《たんしょ》〔きっかけ〕は十三日午後六本木交差点での交通事故から。（讀賣新聞・一九二九年四月一五日付）

一〇〇回以上にわたって犯行を繰り返しながら、それが発覚しなかったというのは驚きです。巧妙な手口を使っていたのかもしれませんが、同時に、荷物を厳重に管理する仕組みが整っていなかった当時の運送システムの不備も見えてきます。

個人の犯行であれば、その被害には限度があります。しかし、これが組織的に行われると莫大な被害をもたらす可能性があります。たとえば、次のような事件が実際に起きていました。

- 港の倉庫で荷造りを請け負った作業員二五名が、綿花の俵から見本品を抜き出す作業の際、余分に抜き出したものを袋に積めて総額一五〇万円もの綿花を横流ししていた（大阪毎日新聞・一九三二年五月三日付）。

• 鉄道員数名が共謀し、貨物のバッテリー、銅線、金屑などを一年にわたって抜き取って売りさばき、遊興費として使っていた（秋田魁新報・一九三七年一一月三〇日付）。
• 駅で働く運搬担当者三人が、青果物の荷物が届くたびに荷札を付け替えて別の駅へ輸送し、届いた荷物を山分けしていた（東京朝日新聞・一九四四年一月二一日付）。

同様の事件が全国各地で起きており、事あるごとに摘発が強化されるものの、戦前を通して収束することはありませんでした。

彼等が貨物の抜取をするのは、列車進行中には決してやらない。それは列車の進行中には、車掌も貨物扱手《あつかいて》も皆緩急車《かんきゅうしゃ》〔列車のブレーキが備えられている車両〕に乗って居るから、事実上そんなことは出来ないのであろう。貨物列車が、後から続いて来る旅客列車を避け、その追越すのを待つ為《ため》、各停車場で数十分乃至《ないし》一時間以上も停車することがある。その時に車掌の指揮で——貨物扱手が「車内整理」と云《い》って、次の駅へ卸す準備の為に、貨物を夫々《それぞれ》便宜の位置に動かすので、抜取はその時に行わるるのである。彼れ等は荷鍵を持ってドヤドヤと、貨車の中に這入《はい》り込み、貨物整理に名を藉《かた》って荷造を破り、各々己《おのおのおのれ》の希望の品物を盗み取るのである。貨車の中にはあらゆる貨物が積込まれて居る。だからある貨物扱手の如きは「百貨店へ立ち寄った様なものだ」と放言して、係り官を驚かした話もある。（警察思潮社編集局編『捜査資料　犯罪実話集』三五六〜三五七ページ）

貨物列車の場合、上記のような手口で犯行が繰り返されていたわけですが、実際にこうした抜き取りを行うためには、列車に乗り込んだ者全員が共謀する必要があります。そのなかには、本来、責任を負う立場にある車掌も含まれます。もし、抜き取りを拒否する者がいた場合は強制的に盗品を分配するなどして口止めが図られていました。また、新参者もこれに加わることを強要され、もし応じなければ職場で「変人」扱いされるという風潮さえあったようです。今の日本でこうした組織的な抜き取りが行われたとしたら、その企業にとって、致命的な結果になることは言うまでもないでしょう。

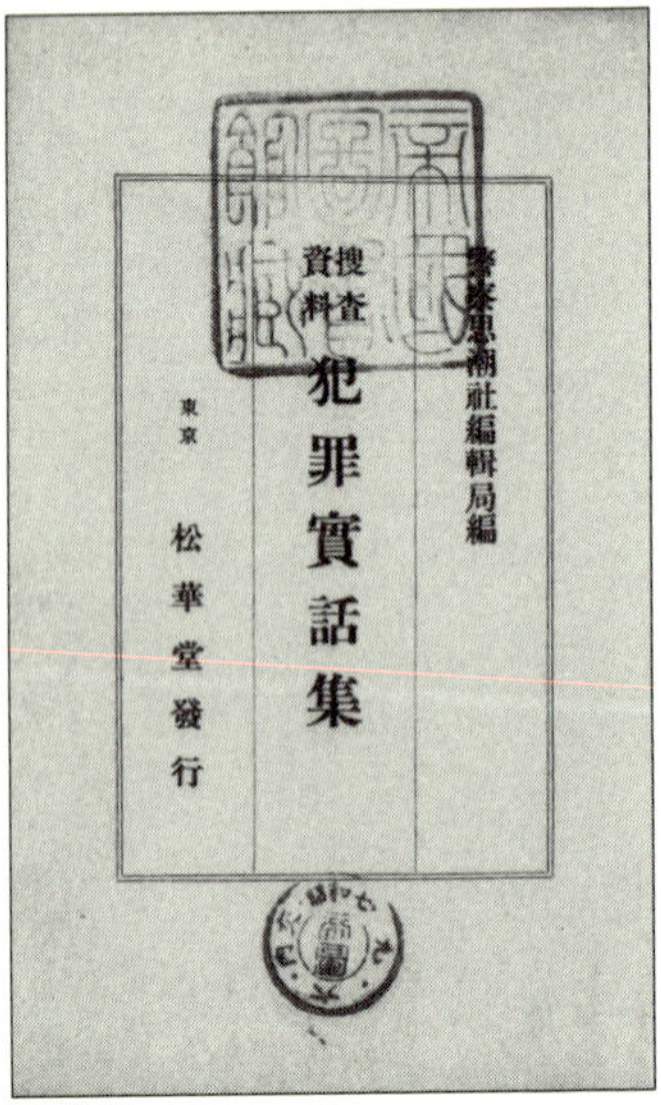

抜き取り事件が頻発している事態について、一九一九（大正八）年に鉄道院の担当者が次のように述べています。

鉄道輸送貨物の紛失せる件数は、本年八月の調査に依《よ》れば三千八十七個にて、昨年同期に比し約一千個の増加を見、輸送数量の増加に比すればその割合は僅少《きんしょう》なるも、減量として計算せられたるものは一千四百五十四件にして、昨年に比し四十四件を増加せり、この計数中

には荷造《にづくり》が不完全の為《た》め脱出散乱せるものもあり、また抜取はその手段巧妙なるものは未発見のまま荷主に引渡すこともありて、その実際計数を知るは至難なる〔以下略〕（横浜貿易新報・一九一九年一二月二六日付）

この記事によると、一九一九（大正八）年八月に鉄道で起きた貨物の紛失件数は三〇八七件となっています。貨物が減量していたのは一四五四件で、このなかには脱落したり散逸《さんいつ》したものが含まれている一方で、抜き取りが発覚しないよう偽装され、誰も気付かなかったというケースは含まれていません。そのため、抜き取りの件数を明確に把握することは困難だとされています。

実際、当時は荷造り・梱包の不完全なものが非常に多く、途中で荷物の中身が外に出てしまうことが多々ありました。そうしたことも抜き取りを誘発する一因になっていたため、鉄道院は荷造りを厳重にするとともに荷物の中にも住所氏名を書いた紙を入れておくように呼び掛けていました。

鉄道院の抜き取り問題に対する姿勢については、次のような指摘もあります。

我国にて鉄道もしくは汽船等に委託《いたく》し貨物を輸送するに当り、その在中品の紛失するは毎《まい》々《まい》見る処《ところ》にして、殊《こと》に蜜柑、柿、卵子《たまご》、鯣《するめ》、麦酒《びーる》、正宗〔日本酒の一種〕等の飲食物を以《もっ》て最も甚しとす。而《しか》して〔そして〕その都度《つど》当該者より小言を申込《もうしこ》めば、曖昧《あいまい》なる返答に日を遷《うつ》して更《さら》にその責に任《にん》ぜず、就中《なかんずく》〔なかでも〕官線鉄道と云《い》えば政府監督の下にあるを以て、かかる不都合は無き筈《はず》なるに、却《かえっ》て民設会社よりも委託物の満足に送り先《さ》きに届くこと少しとは、ただ呆《あき》るるの外《ほか》なし。これ畢竟《ひっきょう》〔結局〕吏員《りいん》〔職員〕や駅夫〔駅で働く労働者〕などが互《たがい》に相計《あいはか》りて包装の外部よりこれを盗出《ぬすみだ》すものと見えたり。（讀賣新聞社編『公徳養成之実例』五三〜五四ページ）

被害に遭った人が苦情を申し立てても、担当者はあいまいな返事をして責任逃れをしていたようです。実際、ほとんどの場合で責任がうやむやにされ、荷主は泣き寝入りを余儀なくされていました。こうした鉄道院のお役所的な体質は、戦後に国鉄が民営化されるまで引き継がれていったと言えます。もっとも、上記の筆者が推測しているように、犯人は鉄道関係者で、鉄道院の担当者も身内の犯行であることを把握していたため、明確な返事ができなかったという背景も考えられます。

外部から侵入した者が盗んでいくケースであれば、警備を強化するなどして物理的な対策をとることができます。しかし、本来荷物を守るべき立場にある人たちが犯行に手を染めていては元も子もありません。抜き取りが多発していた駅では、駅員が帰る際に身体検査をして荷物を横領していないかどうかを調べるなど、さまざまな対策が講じられていましたが、効果は限定的なものでした。

輸送中の荷物だけでなく、金銭を預かる業務に携わる者が抜き取りを行うという事件も多々発生しています。郵便局員や銀行員などが現金あるいは小切手を横領する事件は、それほど珍しいことではありませんでした。なかには、次のような大胆なケースもありました。

〔東京市〕本所《ほんじょ》郵便局書留係通信事務員塚本治吉（二〇）は、他局からの中継《なかつぎ》書留郵便物の中身を抜き取ったり、利子記入のため貯金局から回送してくる郵便貯金帳を途中で横領し、友達の中学生やミシン外交員を使ってその貯金帳で現金を払戻し、書留から抜いた為替《かわせ》券を現金に替え、その使いをした友達には一回の使い賃一円ずつやっていたと発覚。一両日前両国署に検挙された。（東京朝日新聞・一九三一年一〇月三〇日付）

抜き取りは、明治に入る前からもちろん犯罪でした。しかし、この行為が労働者の慣習として認知されていたケースもあります。かつて、荷物が船で運ばれる際、船頭のなかには支払われる賃金が少ないことから荷物の抜き取りをして収入の足しにする者がいたのです。荷主がこれを咎《とが》めると荷物をすべて失ってしまう恐れがあったため、この行為はほとんど黙認されていたようです。

明治に入ると、こうした慣習は明確な犯罪行為とされ、刑法で罰せられるようになります。ただその一方で、当時の刑法学者のなかには、この伝統的な慣習を犯罪行為と見なすべきではないという見解を示す人もいました（中外商業新報・一九一九年三月二二日付）。

幕末に日本を訪れたジョージ・スミスは、日本人が他人の物を盗む行為について次のように述べています。

日本人の盗癖《とうへき》は、かれらの国民性の一部として世評に上《のぼ》っており、あらゆる階級の者が身につけている着物の長くふかい袂《たもと》〔和服の袖の下に垂れ下がった部分〕は、盗品をすぐにかくせる手段となっている。

こう断定する根拠として、スミスは自身の次のような体験を挙げています。

われわれは、夜間、住居となっている寺院を巡回してくれる日本人の夜警を雇い入れていた。その者は、かれが属する階級の徳性からいえば誠実な男であった。が、じぶんのためにせっせと窃取《せっしゅ》にはげむ一方で、われわれが夜間略奪にあわないようにするのがじぶんのつとめであると考えていた。

あるとき、この男を秘かに見張るために第二の夜警を置いた。そのあげくが、第一の夜警がまきや食糧を盗んでいる現場を押さえられた。こそどろは、不当に得たものを吐き出させられたあげく、即刻首になった。（スミス『日本における十週間』一一一ページ）

当時の日本を描いた外国人の著書には、これとは逆に、日本人はモノを盗まないとする見解も見られます。スミスの日本人に対する見方には偏見にとらわれた部分も多く、決して一般化できるものではありません。ただ、美化されがちな当時の日本人の一側面を伝える記述として記憶に留めておくべきでしょう。

不正枡《ます》を利用してもうける商人

米価がドシドシ高くなって景気が好い好いと云《い》われながら、下層中流社会の生活難は日一日と甚だしい、これはある一部の不徳な商人の買占《かいし》めに因《よ》る人為的の現象であるが、また一方米価騰貴《とうき》に際して不正白米商人が跋扈《ばっこ》し盛《さかん》に不正枡を使用して生活難に泣く中流階級者等の膏血《こうけつ》を絞る〔苦労して得た金を取り上げる〕ような不正の利得を貪《むさぼ》って居る者が多い。

（報知新聞・一九一七年七月二一日付）

米騒動が起こる前年の新聞記事です。当時は米価の高騰で、米の売り惜しみや買い占めが横行していました。値上がりを招く米商人らの行動に批判の目が向けられると同時に、消費者にさらなる不利益を与える行為に対しても厳しい視線が注がれていました。その行為の代表例が、量目《りょうめ》の偽装です。

今日、米は重量で取引されていますが、戦前は尺貫法《しゃっかんほう》(1)に基づいて枡で量った容積で取引が行われていました。重量に比べて容積による取引は不正がしやすいため、米商人のなかには、いかに

（1）日本で古くから使われている長さや重さの単位を定めたもので、長さの単位「尺」と重さの単位「貫」を基本単位とすることに名は由来する。

売る量を減らして多くもうけるか、ということに心血を注ぐ者が少なくありませんでした。
そこで使われていた手口もさまざまでした。代表的なのが、先の記事にも書かれている不正枡の使用です。つまり、枡自体に細工を施して、実量を少なくするという方法です。枡の上部を削って高さを下げる。あるいは枡の底に糠《ぬか》を塗り付けたり、二重底にしたりしてかさ上げをする。こうした方法によって枡に入る米の量を少なくするという不正が横行していたのです。
一九二一（大正一〇）年八月二七日付の〈時事新報〉に次のような事例が紹介されています。

今度某氏《ぼうし》から米屋の不正に対する投書が来た。その事実は、某米店から白米一俵を買って、見て居る前で念の為めに量らせた所が、彼は一升桝で五合余の剰余《じょうよ》を量出し、得意気にこの余りは頂いて行きますと云《い》うから、暫《しば》らくと呼止めて今度は、これで量れと一升桝を与えた所が、今度は反対に約一升の不足を生じた。思うに多数の不正米屋は、已《すで》に普通の利益を取りながら、更に桝目に於《お》いて不当の二重利得を占めて居る、当局者は衡器《こうき》〔はかり〕の合格不合格等の如き末節《まっせつ》の形式にのみ拘泥《こうでい》せず〔こだわらず〕、これら多数市民が直接に損害を被《こうむ》りつつある社会問題に対し、適当の考慮を廻《めぐ》らして欲しい云々《うんぬん》とあった。

当時は、度量衡法(2)の規定で枡の定期検査が義務づけられていましたが、実際に計量する際は検査に合格した枡を使わず、小さめにつくった不正枡とすり替えて使う商人がいました。記事では当局に対し、ただ単に枡を検査するだけでなく、そのあとで行われている多くの不正にも目を向けてほしいと訴えています。

米商人のなかには、枡に細工をするのではなく、枡で量る際にいかに実量を少なくできるかという「技術」を磨く者もいました。彼らは、枡の持ち方、枡を米の中に入れる速さや入れる力、また振動の与え方などを工夫することで米と米の間の隙間をより大きくして実量を減らしていました。なかには、毎晩店を閉めたあとに店員を集めて米の量り比べをさせ、「技術」を磨かせていたという米屋もありました。

こうした「技術」による不正は、客もなかなか見抜くことができなかったようです。枡を巧みに使うことで、一斗〔約一八リットル〕を測る際に五合程度〔約〇・九リットル〕、つまり約五パーセント量を少なくすることが可能であったとも言われています（東京朝日新聞・一九二八年六月二七日付）。こうした不正を少しでも減らすため、一斗以上の米を計量する際は、一斗枡を使用するように定められていました。

その他の不正手段として、あらかじめ米に水をかけておき、水を吸わせてから枡で量るといったことも行われていました。水を吸った米は体積が増えるため、数パーセントかさを増やすことができるのです。

また、今日のような精米機がなかったころは、米に砂を混ぜて精米する方法が一般に行われて

（2）長さ・容積・重さの単位などを定めた法律。一八七五年に公布された度量衡取締条例を継承する形で、一八九一年に公布、一八九三年に施行された。

いました。そのため、流通する米の多くは砂の混じった「混砂米《こんしゃまい》」と言われるものでした。たとえば、一九二九（昭和四）年の時点で、大阪市の一か月の白米消費量は約二〇万石でしたが、そのうち砂の入っていない「無砂米」は四万石でした。つまり、大阪市内で流通していた米の実に七割以上が砂の混ざったものだったということです（大阪毎日新聞・一九二九年六月二一日付）。

これに乗じ、精米時に加えた砂だけでなく、そこへ化粧砂《けしょうずな》やにがりを加えて量を水増しするという不正が行われることもありました。

日本では、古くから尺貫法が量目の基準とされてきましたが、明治に入るまでは藩ごとに度量衡の基準が定められていたため、枡で量られる量目が地域によって違うというケースもありました。これが全国的に統一されたのは、一八七五（明治八）年の度量衡取締条例によります。それ以後、国で統一された度量衡で商取引が行われるようになったわけです。

その後、一九二一（大正一〇）年に度量衡法が改正され、メートル法を採用することが決まります。ただ、採用されたといっても、この時点で尺貫法の使用が禁止されたというわけではありません。メートル法への移行に向けた猶予期間が設けられ、その間は併用することができました。米の計量については、枡ではなく秤《はかり》で重さを量って売ることが奨励されるようになったのですが、実際これを実行する商店はほとんどありませんでした。

法の施行から一〇年後の一九三三（昭和八）年には、商工業者に関してメートル法の完全実施が行われる予定となっていましたが、従来の尺貫法を支持する声が根強く、結局さらなる猶予期間が設けられることとなりました。一九三五（昭和一〇）年には、逆に尺貫法に戻すための法案が国会で審議されるなど、メートル法反対派の勢いは衰えることがありませんでした。結局、メートル法に完全に移行したのは戦後の一九五一（昭和二六）年に度量衡法が廃止され、計量法が制定されてからのことです。

不正を行っていた米商人たちにとって、枡から秤への移行は大きな打撃となりました。その一方で、正直に商売をしていた人にとっては朗報となりました。

桝目の不正確には需要者のみならず米屋でも正直な者は困っていた。何故《なぜ》かというに米は今目の前で一斗はかったものを直《すぐ》にはかり直しても決して一斗ないだから〔ママ〕、店で一斗あった米を運ぶ途中で検査され、あるいは得意へ持込んでから検査されても丁度《ちょうど》一斗から一二合は切れている。それを直に不正米屋だとか桝目《ますめ》を盗むとか云《い》われて警察にまで引張《ひっぱ》られるのが辛《つら》いと云《い》うのである。

〔中略〕

今はかったばかりの一斗が如何《どう》して忽《たちま》ちの間に一二合も減るかと云《い》うに、米は動かす毎《ごと》に押詰《おしつま》って減るのと、澤山の中からはかり出した一斗きりは如何しても丁度《ちょうど》一斗にはかり直す事が出来ない。だから正確な量目秤で売れば嫌な疑いも受けずに気持よく商売が出来るという。（大阪毎日新聞・一九一九年六月二三日付）

枡で米を計量する方法では、常に同じ量にならないという根本的な問題があります。伝統的な

尺貫法を維持すべきだという声があった一方で、こうした問題を解決するためにもメートル法への移行を急ぐべきだという声も多く上がっていました。もっとも、メートル法に切り替えることで不正がなくなるわけではありません。秤を使った計量においても、さまざまな手段で量目の偽装が行われていました。

たとえば、台秤《だいばかり》を傾けた状態で使用する、竿秤《さおばかり》で計量する際におもりを移動させて目盛りを読む、商品を入れる袋の重量をごまかす、台秤の台板と胴との間にモノを挟み込んで台板を下がりにくくするといった方法までありました。米にかぎらず、肉、豆、砂糖、茶、油などあらゆる商品に関して、多くの取扱業者はいかにたくさん利ザヤを稼ぐかということに知恵を働かせていたのです。

一九二〇（大正九）年、日本度量衡協会や東京府・市などが共同で、小売店で売られている商品の実態調査を行いました。その結果は次の通りです。

各小売店から買入れた味噌、牛肉、醤油、米、缶詰、洋菓子、砂糖など約五十余点買い集めて一々精細な秤量《しょうりょう》をしてあったが、皆信用すべき商店の物で包装の重量などを明記してあるものの他、どれもどれも一つとして注文通り完全な目方なのがないのには一同寒心《かんしん》していた〔ぞっとしていた〕。

その中で最も目立つものは牛肉百匁《もんめ》〔一匁は三・七五グラム〕が九十匁、味噌百匁が九十二匁、西洋菓子で箱代ぐるみ二円に拵《こしら》えさせて箱代を引去って計算して見ると四十四匁不足

（この代金二十二銭の損）、白米一升のが九合七勺（一合は約一八〇ミリリットル、一勺は約一八ミリリットル）、砂糖遣物《つかいもの》五斤（一斤は六〇〇グラム）詰の樽を樽だけ別に積《つ》って中味一斤半の不足など実に驚くべきのものがある。それから某駅で売る牛乳二合入となっているのが一合三勺しかないのや、進物の鰹節正味百匁としたのが十二匁足らぬのもある。（讀賣新聞・一九二〇年一〇月九日付）

商品の計量がいかにずさんだったかがよく分かる記述です。

これ以外でも、警察や自治体はたびたび抜き打ちで検査を行い、違反者を取り締まっていました。たとえば、一九二六（大正一五）年の年末に東京市が行った計量検査では、対象とされた商店一六〇〇戸のうち一三七戸が不正を行っていたことが明らかとなっています。なかでも白米商は、対象とされた八一四戸のうち一〇五戸という高率で不正が発覚しています（讀賣新聞・一九二六年一二月三日付参照）。

量目の偽装以外にも、あの手この手を使って利益の上積み

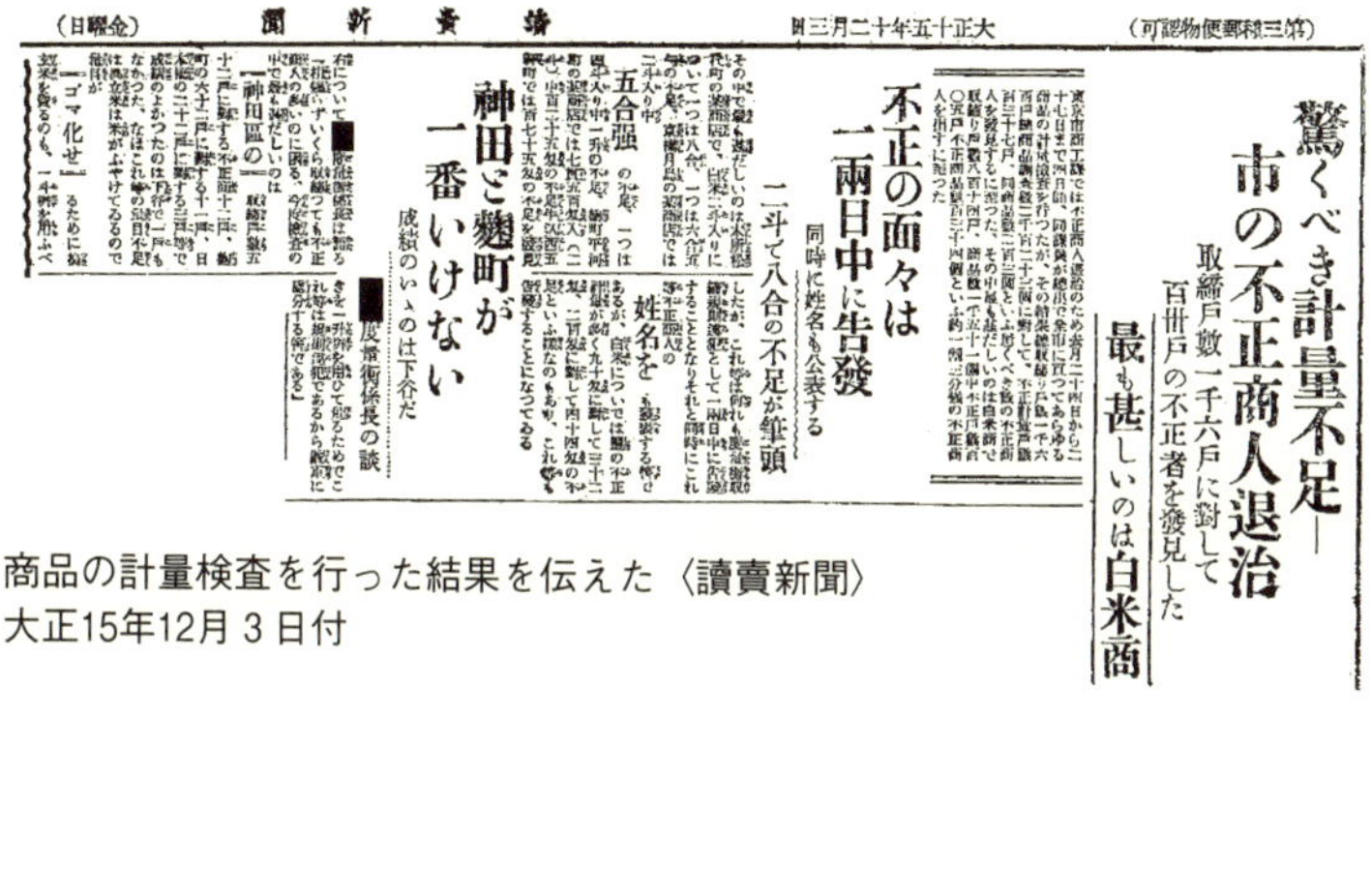
讀賣新聞　大正十五年十二月三日　（金曜日）

驚くべき計量不足—
市の不正商人退治
取締戸数一千六戸に對して百卅戸の不正者を發見した
最も甚しいのは白米商

不正の面々は一兩日中に告發
同時に姓名も公表する

一斗で八合の不足が筆頭

神田と麹町が一番いけない
成績のいゝのは下谷だ

商品の計量検査を行った結果を伝えた〈讀賣新聞〉
大正15年12月3日付

をもくろむ商人が幅をきかせていました。

　商工業者に公徳心なき他の一例を挙げんに、試みに小皿十枚を買うとせんか、その表面に出《いだ》せる一枚の美なるに反して、他は不完全極まる者〔ママ〕多し。これを舶来品《はくらいひん》〔輸入品〕の一ダース悉《ことごと》く無欠なるに比して、実に汗顔《かんがん》せざるを得ず。更に紙類の如きは、これを包装して百枚と称しながら、その実九十六枚以下に降《くだ》ること珍しからず。見本を出せるものに於《お》てもその実物を購《あがな》う時は見本に比して品質の甚だ粗悪なる事は殆《ほと》んど常とする所にして、特に予約出版書類に於てこの弊《へい》最も甚し。また新《あらた》に出入せる商人の、最初は廉価《れんか》に品物を納《おさむ》るも日を経るに従って次第に高価となるが如き、これもまた決して喜ぶべきことには非《あら》じ。かくの如きの実例一々数うるに遑《いとま》あらず。（讀賣新聞社編『公徳養成之実例』七四～七五ページ）

皿を買うと、一番上にあるものだけが良品で他は不良品。紙を一〇〇枚買うと、実際には九六枚しかない。見本には良品を提示されていたが、受け取った現物は粗悪品――こうした事例が日常茶飯事だったのです。

　戦前の日本では、近代化が進むとともに国内の産業構造も大きく変化していきました。そのなかで物品販売業について見てみると、営業場数、従業者数、売上金額のいずれについても、明治に入ってから右肩上がりの傾向を示しています。なかでも顕著だったのが大正の中期で、第一次世界大戦勃発（一九一四年）にともなう好景気のなか、国内の物品販売業も活況を呈していました。一九一五（大正四）年から一九二〇（大正九）年にかけて、営業場数、従業者数はともに約二倍になり、売上金額に至っては七・七倍にまで増えています。物価高騰を考慮しても、約三倍近い伸びがあったとされています（石井寛治編『近代日本流通史』三二～三三ページ）。

物品販売に携わる業者の増加に比例して、商売における不正の問題もより顕在化してきました。このころの商人について、一九一七（大正六）年七月二二日付の〈讀賣新聞〉は次のように述べています。

> 小商人が商業と詐欺と賭博とを弁別するだけの知識と道徳とに欠くる所あるはまだまだ已《や》むを得ずとするも、少くとも中流以上の商人がこの三者の区別を明《あきら》かにするにあらずんば、社会の進歩は得て望むべからざらんとす。目下の義務教育に於《お》いてこれ等に対する明確なる概念を与えんとするの努力を見ざるは遺憾《いかん》なり。蓋《けだ》し〔思うに〕空漠《くうばく》たる忠君愛国等の観念を注入するよりも、かかる概念を注入する方が真の忠君愛国の精神に富める国民を作るに足るべければなり。斯様《かよう》の点にはまず以《もっ》て教育者の一考を費して可なり。

商人の不正をなくすため、当時はメートル法の完全実施や家庭への秤の普及、そして警察による取り締まりの強化が叫ばれていました。同時に、学校における道徳教育の改善を訴える声もありました。〈讀賣新聞〉が述べているように、当時は「商業と詐欺と賭博」の区別という、商人として当然心得ていなければならない知識や道徳を欠く人が少なくありませんでした。商売をするうえで「信用が第一」という今日では常識となっている教えも、当時の商人にはまだ浸透していなかったのです。

もちろん、不正枡の使用など商人の不正行為は近代以前から行われており、大正、昭和に至っても慣習的に引き継がれていたという側面があります。しかし、こうした問題の解決を訴える声が高まる一方で、改善は遅々として進みませんでした。商業の発展に比して商人の道徳心の向上がともなっていかなかった、それが戦前日本の商業の実態だったのです。

日本製は粗製濫造《そせいらんぞう》の代名詞

今日の経済界を見て、私の最も憂慮《ゆうりょ》に堪えないのは信義の心を以《もっ》て、商工業に従事する者の依然少いことである。換言すれば商業道徳が重んぜられないこと。経済と道徳との合一が進歩しないことである。就中《なかんずく》〔なかでも〕海外貿易上この弊害が多いと聞く。（渋沢栄一『経済と道徳』一五二ページ）

戦前の日本では、経済発展が進む一方で、人々の道徳心はなかなか向上していきませんでした。その弊害は、外国との貿易において次第に表面化してきます。前節で紹介した国内での事例同様、諸外国との取引においても不正行為が日常的に行われていました。もうけることばかりに目が向き、信用を大切にしない日本の商人たちの姿勢を「日本資本主義の父」とも称される渋沢栄一《しぶさわえいいち》（一八四〇～一九三一）は嘆きました。

今日、日本のさまざまな製品が海外で定評を得ていることは言うまでもないでしょう。値段が高くても、その品質の良さ、安全性の高さ、信頼感などから日本製品を選ぶという海外の消費者は少なくありません。商取引に際しても、日本人の誠実な姿勢は外国人から高い評価を受けています。しかし、こうした評価は戦後築かれていったものであり、戦前は日本人の商業道徳の低さが海外で非難の的となっていたのです。

東京商科大学（現・一橋大学）で初代学長を務めた佐野善作《さのぜんさく》（一八七三～一九五二）は、日本人の商業道徳が悪化している実態を憂いながら、その具体例を次のように述べています。

第一に我国一般商人が自己の利益の為めに取引上の約束を無視し、宛《あたか》も弊履《へいり》を捨つるが如く〔破れた履物を捨てるように〕容易に違約行為をする事でその約束破棄常習者の多きこと、また全世界に冠たる有様である。これは相場の変動につれ物価の高低を以て第一に利益予想をする悪習慣の結果で、一例を示せば、極く《ご》価格低廉の折に売渡し契約をしたものが、一度市場が恢復《かいふく》し相当の高価を示すと、我国商人の弊として直《ただち》に前契約を破棄して他方へ高く廻《まわ》すと云《い》うことである。そして価格の標準が現在よりも将来にありと目星を付けると、たとえ契約がしてあっても「在貨《ざいか》なし」等の名目の下に平気で破談するのが常習となっている。

──（新愛知・一九二二年一月三日付）

事前に取引契約を交わしたにもかかわらず、それを一方的に破棄して商品を高く売れる所へ持っていってしまう。こうしたモラルを欠いた行為が常習的に行われていたということです。そこに、「信用」という言葉は見あたりません。

商取引上の道徳のみならず、すでに商品の製造段階から、その道徳を疑われるような行為は多発していました。それが顕著に見られたのが大正前期、第一次世界大戦のころです。大戦の勃発を機に、海外で日本製品の需要が急増し、さまざまな製品が次々と輸出されるようになります。しかし、輸出の増加に反比例するかのように日本製品に対するイメージは下落していきました。その理由について、佐野は続けて述べています。

第二には我国の特許権侵害またはトレードマークの盗用が統計上欧米先進国のそれより以上にある事。第三には見本と現品との相違の著しい事、これはかつて米国へ向けた我国シャツの送荷《そうに》が、先方で開封するとボタンが全部糊付《のりづけ》であったとか、送ったマッチにはマッチが入っていないで箱ばかりであったとか、誠に我が国人《こくじん》の人格を疑われ引いては過般《かはん》〔先頃〕の排日問題の一遠因をなす等一般国人に対し甚だ申訳《もうしわけ》ない事実が各方面から明かに証明せられて居る。（前掲紙）

特許権の侵害や商標の盗用を繰り返し、大量の需要に応じるべく粗製濫造を重ねていけば信頼が失われるのは当然の帰結でしょう。同様に、一九一七（大正六）年に出版された『東京市民読本』という本には、次のような事例が紹介されています。

> 最近外国の市場に於《おい》て非難せられたる二三の実例を挙げんか。曰《いわ》く、ある石鹸には多くの澱粉《でんぷん》を含めりき。曰く、ある莫大小《めりやす》は伸縮せず、而《しか》してその鈕釦《ぼたん》は糊付けなりき。曰く、ある靴は水に堪えず、僅《わず》か数日にして破れたりき。靴底の半ばは紙製なりければなり。曰く、ある鉛筆の真中を切断せるに心《しん》なく、空虚なりき。曰く、ある玩具の絵具は数日にして剥脱《はくだつ》し、そのバネは用を為さざりき。曰く、ある琺瑯《ほうろう》鉄器は水を洩《も》らしたりきと。従来粗製濫造の為めに、既に我が商品の市場たりし処《ところ》さえ、他国品の乗ずる処となれる者少からざりしが、今日に於ても、依然未決の問題たるは残念至極と曰《い》わざるべからず。（阪谷芳郎『東京市民読本』一五六～一五七ページ）

そのほか、油に水を混ぜる、大豆に石を混ぜる、茶葉に桑の葉を混ぜる、絹糸に綿糸を混ぜ

る、生姜《しょうが》を水に浸けて量を増やすといった数々の不正がなされていました。一見すればすぐに粗悪品と分かるようなものさえ、堂々と市場に送り出されていたのです。

粗悪品を流通させるという不正は第一次世界大戦前から行われていましたが、大戦を機に顕著となり、戦争が終結して需要が落ち着いた以後もなかば習慣的に続けられました。当然ながら、海外から抗議の声が高まり、日本製品に対する悪いイメージが定着することになります。

粗悪品に関して、日本国内の消費者は海外の消費者に比べるとかなり寛容に対応していました。商人が多少の不正を行うのはやむを得ないと考える風潮が、庶民の間で強かったのです。消費者の権利という概念は、まだ日本社会には根付いていませんでした。その結果として、業者側の改善への意欲はなかなか高まらなかったのです。こうした背景も、日本製品に対する

大正時代の東京市・中野駅北口仲通商店街。この頃、物品販売業は活況を呈していた（中野区役所提供）

「安かろう悪かろう」のイメージ払拭の妨げになっていたと考えられます。

もっとも、当時粗悪品を世界市場に流通させていたのは日本だけではありません。他国でも同様のことは行われていました。しかし日本に対しては、大国化を牽制《けんせい》する意図で欧米諸国が風あたりを強めていたという背景があって悪いイメージが広まったと思われます。いずれにせよ、日本製品に対する信用が定着するまでには、その後数十年という歳月を要することになるのです。

食品を扱う業者の低いモラル

菓子その他の食物から起る中毒を、どうして普通の市民が防げましょう。利得のみが目的の商人の品物から、子供をまもるということは、これは仲々《なかなか》容易でありません。一切の肉類、駄菓子類を買わない決心をしたという主婦がありますが、これだとて何時《いつ》までも忍べることではありません。（讀賣新聞・一九三九年九月七日付）

近年でも、食品業者のモラルを問われる事件がたびたび起きています。まだ記憶に新しいのが、二〇〇七年に報じられた一連の出来事です。この年、食品の偽装を行っていた業者の摘発が相次ぎました。牛挽肉に豚肉や鶏肉などを混ぜていた食肉加工業者、賞味期限を偽装していた菓子メーカー、食べ残しを再度客に提供していた料亭、輸入ウナギを国産と偽って販売していたうなぎ加工業者など、次々と明るみに出る事実に日本中が騒然となりました。と同時に、食品を扱う業者の「モラル低下」がさかんに叫ばれたわけです。

こうした出来事は、最近にかぎったことではありません。それ以前にも同様の事件は多々発生していました。無論、戦前の日本でも、二〇〇七年に明らかになったケースをはるかにしのぐような事件が頻繁に起きていました。

先ほど挙げた新聞記事は、のちに衆議院議員となる神近市子《かみちかいちこ》（一八八八〜一九八一）の発言です。当時はさまざまな不正・不良食品が出回っており、大きな社会問題となっていました。雑菌が繁殖した食品が売られ、それを食べた人が亡くなるといったケースも珍しくありませんでした。利益ばかりに目が向いて、商品の質、消費者の健康を省みない商人が次々と摘発されるという世相のなか、神近は次のように続けています。

> これはやはり、何とかして取締りをもっと強化すると共に、一度こうした悪事をやった商人は全部営業ブラックリストをつくり、それを市民にたやすく判別できるようにして貰《もら》うほかはありません。これは少々残酷のようにも思えますが、利得を目的とする今日の商業組織をどうにもできない以上、止《や》むを得ないと思います。（前掲紙）

これは一九三九（昭和一四）年に新聞紙上で訴えられたことですが、もちろん、それよりずっと前から不正・不良食品の問題は指摘されていました。当局による取り締まりも行われていましたが、次から次へと事件が発覚し、収束する気配は一向に見えませんでした。以下、いくつかの事例を通して当時の状況を見てみましょう。

一九二八（昭和三）年三月、東京で鶏肉販売業者に対する一斉検査が行われ、不正を行っていた鶏肉商らが検挙されました。彼らは鶏肉に兎肉《とにく》〔うさぎの肉〕を混ぜて販売していたとして、食肉営業取締規則違反の容疑で摘発されたのです。

当時は農林省の推奨により、各地で兎《うさぎ》の養殖がさかんに行われていました。その皮は主に海外へ輸出され、肉は国内で流通していました。当時、兎肉の仕入れ値は鶏肉の約半額でしたが、その肉を鶏肉に六割も混ぜて販売し、業者は暴利を得ていたようです。一九二八（昭和三）年三月一〇日付の〈東京日日新聞〉で、警視庁獣医課の担当者は次のように語っています。

> 兎肉に鶏肉の血清注射をなし鶏肉に見せかけているので、一見してはまるで鶏肉のように見え、また煮ても鶏肉の油がしみ込むので臭気も消えて、食べてもちょっと判別が出来ない。

このため、多くの人が不正に気付かず、鶏肉と称した兎肉が堂々と流通していたのです。

一九三〇（昭和五）年七月、東京麹町署が管内の牛肉小売業者一九軒に対する一斉検査を行いました。その結果、八軒で不正や違反が行われていることが判明します。そのなかには、牛肉の中に豚肉を約二割混ぜて販売していた店のほか、腐敗肉を扱っていた店や青島肉〔中国産の肉〕を混ぜて内地肉〔国産の肉〕と偽って販売していた店もありました。言うまでもなく、摘発された小売業者には営業停止処分が下されています（讀賣新聞・一九三〇年七月三日付）。

牛肉に、豚肉や馬肉など他の肉を混ぜて売っていたという事例が多々あったわけですが、それと同じく腐敗した肉を売る業者が多かったことも事実です。冷凍・冷蔵の設備が十分でなかった時代、とくに夏場は、肉などの生物《なまもの》の取り扱いが難しかったことは想像に難くないでしょう。とはいえ、腐敗していることを知りながら販売したり、その肉をコロッケなどの惣菜に加工して販売するという行為は当然許されることではありません。

次に挙げる記事では、その最たる例とも言える大きな事件が報じられています。一九三九（昭和一四）年八月、犬肉あるいは屍肉《しにく》〔死体の肉〕を牛肉や豚肉に混ぜて販売していた業者らが摘発されました。

〔前略〕同人等は野犬捕獲、密殺、病豚病家畜の無償貰い下げ、売却、卸小売引受等それぞれ一定の部署を定めて緊密な組織網を張り、昨年三月ころから本年六月までに実に六千余貫〔二二、五〇〇キログラム〕（数万円）を売捌《うりさば》いていたもので、それらの不正肉は不加工あるいは半マル〔皮・頭・内臓などを除き左右に切り分けた肉〕、挽肉もしくは牛豚等のこまぎれ中に四分、六分の割で混ぜ合せて販売、管下飲食店食肉業者へ売買していたものは無数で、コロッケ、メンチボール、ハンバーグ・ステーキ、カレー・ライス、佃煮等に使用されているという有様で、当局では家畜伝染病予防法違反、屠殺《とさつ》法違反、食肉営業取締違反、詐欺罪の法規を適用、厳罪に処する方針だが、さらに背後にかくれた屍肉使用、コレラ羅病《りびょう》豚や家

畜及び野犬密殺販売ブロックの全貌《ぜんぼう》を白日下に暴き出すべく、同獣医課員を動員鋭意取調べを続けている。（都新聞・一九三九年八月四日付）

この事件では、ハム製造業者と畜犬業者を中心に、養豚業者、野犬捕獲員、パン職人などの関連事業者五〇名以上が検挙されました。一九四一（昭和一六）年九月には、犬や猫の肉を混ぜてハム・ソーセージを製造し、帝国ホテルや第一ホテルといった一流ホテルのほか、多くのレストラン、食料品店に販売していたということで、関係者約八〇名が摘発される事件も起きています（讀賣新聞・一九四一年九月二三日付）。

屍肉や犬・猫の肉を混ぜていたという事実はもちろん、特定の業者ではなく多数の業者が組織的に行っていたという点も、問題の根深さを象徴していると言えます。物資が不足していた戦時中という事情を差し引いても、そのモラルの低さは否定できません。

不正・不良食品の問題は肉だけにとどまりません。戦前の新聞を繙《ひもと》いていくと、「インチキ〇〇」、「不正〇〇」という言葉がたびたび目に留まります。〇〇に入るのは多くの場合、酒、牛乳、醤油といった食品です。

たとえば、酒の場合、砂糖水でつくった「ブドウ酒」を瓶に入れて正規の商標を貼ったものや、

（3）一八八四年に〈今日新聞〉として創刊された新聞で、一九四二年に〈國民新聞〉と合併し、〈東京新聞〉となった。

酒を水で薄めて瓶に入れたもの、禁止薬物を混ぜて製造した酒などがその代表格と言えるでしょう。甚だしいケースでは、工業用メチルアルコールを使った酒が販売されていた事件もしばしば起きています。メチルアルコールは毒性が強いため、一九一二（明治四五）年に取締法が制定され、飲用に使用することは禁止されました。それにもかかわらず、これを用いる業者が後を絶たず、失明や死亡といった惨事を引き起こしています。

牛乳の場合も、酒と同様、水で薄めて販売したり、不良品を瓶に詰めて販売したりする業者が多く見られました。一九二八（昭和三）年九月に警視庁によって牛乳取締規則が施行され、殺菌の義務化や着色料の使用が禁止されるなど、厳しい取り締まりが行われるようになりましたが、その後も同様の不正は繰り返されました。

〔前略〕水を割ったのや完全に消毒のしてない不良乳が毎日数件警視庁獣医課員によって発見される有様に、不審に思った獣医課員が精密な取調べを行ったところ、市内外に千四百軒ある請売《うけうり》業者に中には、ミルクプラントから百本良乳を買って来てそれに水を混入して百二十本にして売出して居るのや、プラントから配達された壜《びん》の王冠を需要家が壜と共に返却する処から、これを使ってプラントの手を経ず牧場から牛乳を買って来て配達する者等がある事が発見された。なお、ミルクプラントから請売業者へは一合四銭五厘で卸されるのに、市価では八銭から十銭して居り、警視庁獣医課ではミルクプラントに直配達所を設けさせてる様〔ママ〕努力して居るから近く実現される模様で、これが実施の暁《あかつき》は、現在千四百余件の

──請売業者は忽《たちま》ち飯の食い上げとなるので、また一騒動が持ち上るらしい。（讀賣新聞・一九二八年一二月三〇日付）

瓶（罎）に王冠で蓋《ふた》をした商品は中味を入れ替えるのが容易なため、不正が行われやすかったようです。王冠を簡単に瓶にはめることができる機械や、新品の王冠やラベルを闇で取り扱う業者が存在していたことも不正の温床となっていました。ただ、このころから牛乳ビンに広口のものが使われるようになったのにともない、蓋も王冠から今日使われているような紙製のものに変わっていきました。

明治の末、医師の山根正次《やまねまさつぐ》（一八五七〜一九二五）は「公徳と衛生に就て」と題して行った講演で、次のように語っています。

私は衛生公徳の行わるるか行われぬかは、即《すなわ》ち国権の消長《しょうちょう》に関係しようと思う。既に日本に於《お》いてはこの公徳衛生というものが行われない結果が非常にある。今日日本人の身体が年賦の借金の如く、年々歳々矮《ちい》さくなりつつあるを以《もっ》て衛生公徳の行われて居らぬということは分《わか》るのであります。例えば飲食物の中、葡萄酒《ぶどうしゅ》はどうである。日本の葡萄酒の中には随分仏《ふ》蘭西《らんす》あたりの安葡萄を買うて来て、それへ水を入れあるいはアルコホールを加えあるいは色素を附けて売るというようなものが無きにしもあらず。これらのことが衛生に如何《いか》なる害を与えるかということを考えたら決してこう云う偽物《ぎぶつ》を拵《こしら》えることは出来まいと考えます。また牛乳はどうである。往々白水《おうおうしろみず》〔米のとぎ汁〕を入れたり豆腐の汁を入れたり、甚《はなは》だしきは腐らぬ為にフォルマリンを中へ入れて置く。危険の至《いたり》である。そう云《い》う塩梅《あんばい》に人を欺《だ》ましてでも澤山の人が害を被《こうむ》っても自分さえ利益を得れば差支《さしつかえ》ないというような考《かんがえ》を持って居る輩《やから》があるのであります。次に麦酒《ビール》はどうである。随分余所《よそ》のエジケット〔エチケット＝ラベルのこと〕を胡魔化《ごまか》してそこへ貼り付けて、悪いところの麦酒を売附《うりつ》けると云うような有様があります。（讀賣新聞社編『公徳養成之実例』一二八～一二九ページ）

山根は、商人が不正飲食物を販売する行為は、衛生公徳の欠如によって起こるものと指摘しています。不正に製造・販売された飲食物が消費者の身体にどれほどの害を及ぼすかについて、商人が十分認識していないということです。商業における道徳心だけでなく、衛生公徳、すなわち衛生に関する道徳心育成も、残念ながら当時はまだ不十分だったようです。

患者の信頼を裏切る医師たち

医師の患者に対する不義不法たるや、実に医師が過去半世紀に亙《わた》る特権を利用し、現に行われる悪法律、悪制度の庇護《ひご》の下に行い来《きた》った所のものであって、医者に診て貰い得る程の一世帯に一個は、必ず医師の為に生きながらその皮を剥《む》れるような苦しい思いをした経験を

持って居るので、何処《どこ》から何処までこれを書いてよいか殆《ほとん》ど際限がない。（鈴木梅四郎『医業国営論』二二八ページ）

実業家で衆議院議員でもあった鈴木梅四郎《すずきうめしろう》（一八六二～一九四〇）は、一九二八（昭和三）年に出版した著書『医業国営論』のなかで、当時の医療界にはびこる悪弊を痛烈に批判しています。鈴木は、大学、医師会が抱える構造的な問題、そしてそこから派生する個々の医師の不義不法を取り上げたうえで、その結論としてタイトルの如く医業の国営化を訴えています。

以下で、当時の医師たちがいかに不道徳なことを行っていたのかを具体的に見ていきましょう。

まずは、医師が麻酔を使って患者を眠らせ、暴行していたという事件です。

〔横浜〕市内本牧根岸町歯科医川本進（三〇）（仮名）の許《もと》へ、近くの雑貨商加藤長太郎長女あさ子（一六）（仮名）が数日前から歯の治療を受けに通っていた所、最後の治療の時川本は家人《かじん》や書生〔学生〕を■■く外出させ、あさ子に魔■■剤を用いて暴行を加えんとしたが、あさ子が悲鳴を揚げて逃げ帰ったので大問題となっている。一方

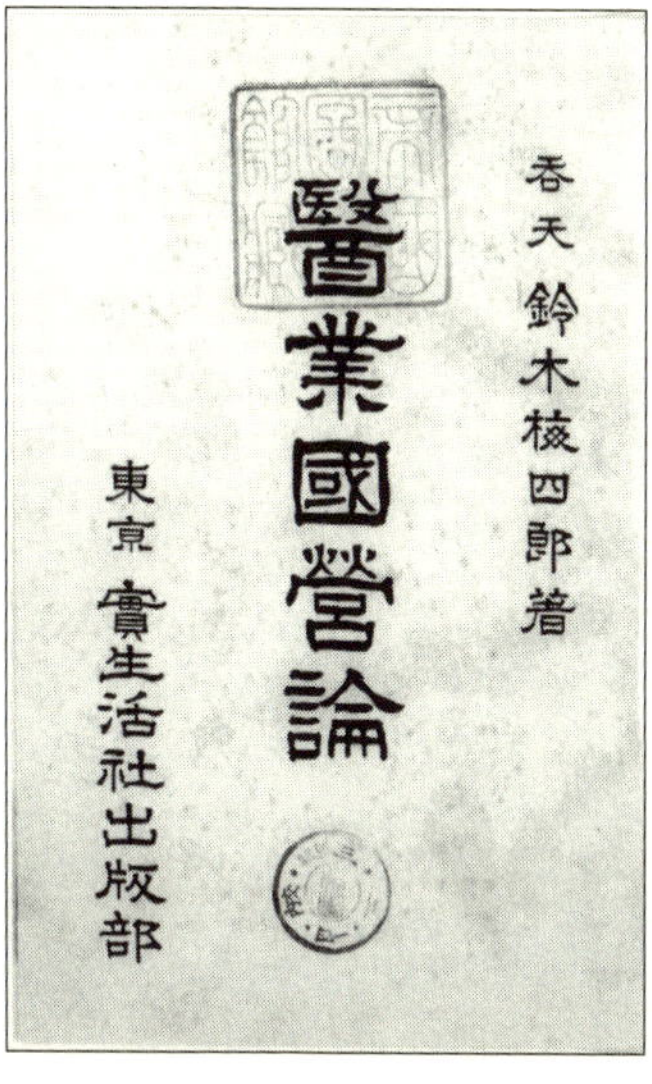

川本は極力内済《ないさい》〔表沙汰にせず解決を図ること〕にと揉消《もみけし》運動を続けている。なお同歯科医はこれまでにも多数の患者を弄《もてあそ》んだことがあるが、何《いず》れも嫁入前の為め泣き寝入りをしているものが多い。（讀賣新聞・一九二五年一月二〇日付）

同様の事件は、今日でも起きています。医師という立場を利用し、患者の信頼を踏みにじる行為は決して許されるものではありません。被害に遭った女性の多くが世間体を気にして訴えなかったため、表面化したケースはごく一部にとどまっていました。

こうした暴行事件のほかに、ずさんな医療行為によって患者が死亡する事件も当時は頻繁に起きています。

一九三五（昭和一〇）年、東京のある開業医が患者にモルヒネ〔麻薬の一種〕を注射し、合計八七人が死亡したという事件が明るみに出ています。この事件で検挙された医師自身もモルヒネを常用しており、かなりの中毒状態にありました。そのため、代診〔代わりの医師〕に治療を委ね、内臓器官に痛みを訴える患者に対しては日常的にモルヒネ注射を打っていました。

かねてから「人殺し医者」という風評があったところへ、患者の一人であった台湾生れ中野高等無線学校生徒中山光夫（二九）が先月二日死亡。遺骨は郷里に送られたが診断書が送られないためその死因に不審をもち、郷里から中野署に照会があったので、まずこの学生の死因について調べたところ、脚気《かっけ》〔ビタミンB_1欠乏症〕にかかわらず一番禁物のモヒ注射をしたため、注射一本で殺してしまったことがわかった。そこで数日前同医師と代診を中野署に留置、レセプト〔診療報酬明細書〕を押収していままで同医師にかかった患者を片ッ端から調査してみると、去る昭和八年一月開業以来同人の手にかかった千百四人の患者中実に八十七名という死因不審の患者が現われた。そこで更に五十嵐警察署がこの死因不明の八十七人について調べてみると、死ぬのも道理、これが殆《ほと》んどモヒ注射一天張りの治療を受けており、同区打越一七小暮豆腐屋の三男常夫（三つ）をはじめ疑似赤痢の小児患者が全部モヒ注射のために死んでいた。（讀賣新聞・一九三五年一二月一〇日付）

なかには、注射を打たれてその場で亡くなる患者もいましたが、「いずれも患者は医学的に無知なるため『死の注射』になんら疑いをもたずにいたので、警察にもこの物騒な医者の存在がわからなかった」（前掲紙）とされています。約三年間で八七人。一開業医でこれほどの患者が短期間に亡くなっていたにもかかわらず、警察が事件を把握するに至らなかったという事実からも、当時の医師がいかに特別な存在であったのかが分かります。

今日の医療において、インフォームドコンセント（説明と同意）はかなり定着しています。セカンドオピニオン（他の医師からの意見）についても利用が広がりつつあります。また患者のほうも、医療や薬品に関する専門的な情報を簡単に手に入れることができるようになりました。しかし、一般庶民の得られる医療情報がきわめて乏しかった戦前においては、多くの場合、患者は医師の判断や指示に全面的に従わざるを得ませんでした。そのため、先に挙げたような大きな事件には至らないまでも、医師という信頼される立場を利用した不正が多々行われていたわけです。一九三三（昭和八）年四月二〇日付の〈東京朝日新聞〉に、その手口の数々が紹介されています。

インチキ医者のうち、まず不正行為の多い筆頭は血液検査である。梅毒《ばいどく》の有無を知るこの検査料金を極めて低廉《ていれん》にして置き（例えば三十銭、五十銭）そして第一回検査の結果は陽性であった、といってサルバルサン〔梅毒の治療薬〕注射を行い、二回目または三回目には陰性にしてしまう。かくてサルバルサン注射代（一回七円乃至《ないし》十円）を詐取するという方法。
また花柳病《かりゅうびょう》〔性病〕医師と何々研究所（個人経営）と称する血液検査所と連絡を取り、第一回の血液検査の結果をその某研究所の銘ある印を捺《お》し、陽性としてサルバルサン注射を試み、二回目乃至《ないし》三回目には陰性とする方法などもあるという。

婦人科医に多いのは子宮後屈手術であるという。腰が立たぬとか歩行が困難だといえばすべて子宮後屈と称して手術をする医師があるが、これは本人はその症状がわからぬため医師のいいなり次第に手術を受けるが、この手術のみはまず信用の置ける医師に診断してもらう必要がある。
妊娠の初期において、胎児が死んでいると称して流産させ、その流産手術代、入院料等を取るのがあるという。

耳鼻咽喉科医では、鼻が一寸《ちょっと》つまった位のものを蓄のう症と称して手術をなすもの、耳だれが一寸出た位のを大事の如くいって長びかせるもの等があるという。この科の患者には金持が多いところから、ずい分金をむさぼり取られる事が多い。

いい加減な診断を下し、やみくもに注射を打ったり手術をしたりする医師は珍しくありませんでした。ほかにも、食物を摂ることができる患者に「まだ食物は早い」と言って高価なブドウ糖注射を打つ医師や、退院間近に下剤を飲ませて入院を延長させて費用を多く取る医師までいたようです。

医師のなかには、無免許で診察・処置を行う者がいました。今日でも無免許医師が摘発される事件がたびたび報じられていますが、その多くは経歴を詐称して病院に勤務するといった個人によるものです。しかし当時は、医療界全体に無免許医師を受け入れ

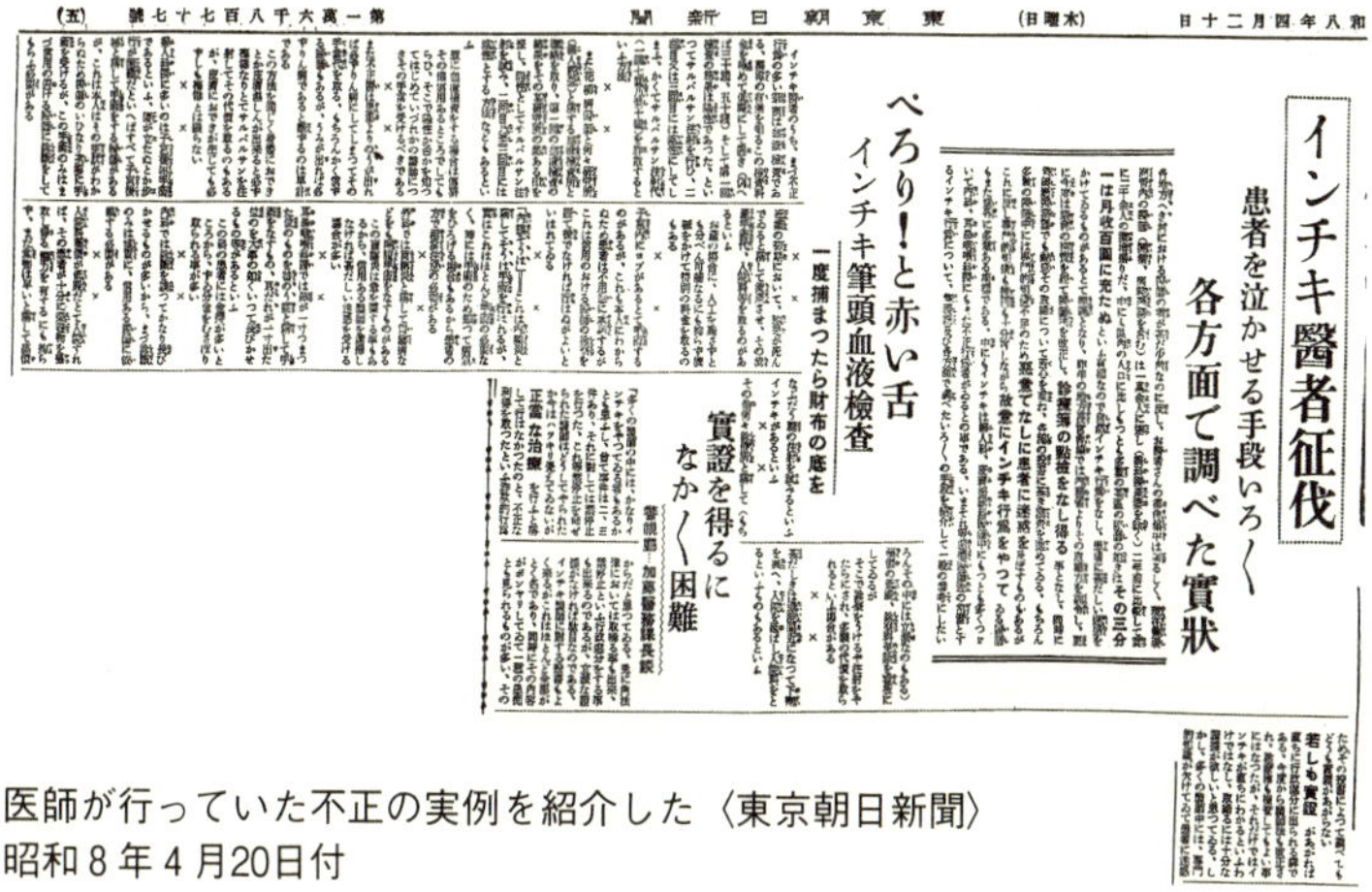
昭和八年四月二十日（木曜日）　東京朝日新聞　第一萬六千八百七十號（五）

インチキ醫者征伐
患者を泣かせる手段いろ〱
各方面で調べた實狀

べろり！と赤い舌
インチキ筆頭血液檢査
一度捕まったら財布の底を

實證を得るに
なか〱困難

医師が行っていた不正の実例を紹介した〈東京朝日新聞〉
昭和8年4月20日付

る土壌があったのです。医療機関が新たに医師を雇い入れた場合は届け出をする必要がありましたが、陰で無免許医師を雇い、届け出をせずに医療行為をさせるといったケースがあったということです。

立派な医師を雇う場合には普通百円から百五十円位はどうしてもださねばならぬ。これが代診が出来るとか称されるだけで免許を持っていない、いわゆるインチキ医師なら最高八十円位で雇いいれる事が出来るところから、営利を目的とする診療所で雇いいれるのである。しかもこれ等《ら》インチキ医師の紹介所までが本郷区（現・東京都文京区）内にあるというのであるから驚くべきである。モグリ医師などを雇いいれた診療所などは、患者をいい加減に取扱ったりするのはもちろん、何《いず》れも表面は極めて安価なものと思わせて、実は大した病気でもないのに病気といって、怪しい注射をしたり、病気を長引かせ金をまきあげるという方法を講じている。（東京朝日新聞・一九三三年八月一五日付）

無免許医師のなかには、複数の医療機関をわたり歩く者や長年にわたって医療行為を続ける者がいたのですが、その多くは摘発を免れていました。彼らを斡旋《あっせん》する場まであったことからも分かるように、組織的に無免許医師を利用する習慣が戦前の医療界にはあったようです。当時の医師は、庶民からはもちろん警察からも高い信頼を得ていたため、あまり厳しい取り締まりは行われませんでした。このことが、医療界に不正をはびこらせる温床になっていたと考えられます。

人のこの世に在《あっ》て最も重んずべきは生命なり。而《しか》してその貴《たっと》ぶべき人命を支配する医師にして、近来甚だしく公徳を失い、その病患者に対する貧富貴賎に依《よ》って大《おおい》に待遇を異にし、貧賤者《ひんせんしゃ》より急病の報に接するや囲碁や遊戯に耽《ふけ》りながら、事故を構えて往診を断ること常なるに反し、貴紳富豪の家に病人あれば、余事《よじ》を抛《なげう》ちても馳《は》せ参ずるが如きもの殆《ほと》んど挙げて数う可《べ》からず。その他水の如き値《あたい》なき薬品を用いて薬料を貪《むさぼ》り、あるいは利欲の関係上態《わざ》と病気を長びかしめ、あるいは金品に依って無実の診断証書を調製して巧に国家を欺《あざむ》くが如き。殊《こと》に甚しきは、先年ある病院に於《おい》ては貧賤患者に対し更に診断を施さずして空《むなし》く死去せしめたることありしと。古来医は仁術なりと云《い》えるも近来は却《かえっ》て殺人術とも思わるるは如何にも恐るべきことと謂《い》うべし。（讀賣新聞社編『公徳養成之実例』九〇〜九一ページ）

人々に信頼され、その信頼にこたえるのが医師の務めです。しかし、医師という職業を金もうけの手段としか考えていない者も少なくなかったようです。もっとも、「近来」より前の時代の医師たちがみんな道徳心が高かった、とは決して断言できませんが。

教師たちの恥ずべき行為

教員が斯《か》かる大犯罪を冒した事は教育界の大恥辱《ちじょく》で寒心《かんしん》せねばならぬのは云《い》う迄《まで》もないが、

その由来する所を考うるに、近来教育の発達に伴い教員の払底《ふってい》〔乏しくなること〕その度を増し、粗製教員が次第に暴威《ぼうい》を逞《たくましゅ》うする〔勢いを強める〕結果となった事実もこれを否定し得ない。また教員が自ら教うるの資格甚だ未熟なるにも拘《かかわ》らず、被教育者および家庭の弱点につけ込んで不当にも僭越放漫《せんえつほうまん》な態度に出ずる者少からざるは、患者に対する医師の不道徳と同列に、極めて憎むべき卑劣行為である。教員も人間であるから折々《おりおり》バカをし出すのも已《や》むを得ないが、余り不良の度を過《す》ごして、教員といえば罪人を連想するというような世の中にせぬように戒心すべしだ。（石田善佐『狸の皮』二〇三〜二〇四ページ）

高田日報社[4]主筆で、のちに衆議院議員となった石田善佐《いしだぜんさ》（一八九三〜一九四七）は、学校の教師がさまざまな犯罪に手を染めている世相をふまえたうえで、教員の質が低下していた当時（一九二五年）の教育界を非難しています。実際、当時は医師だけでなく、学校の教師のなかにも人々の信頼を裏切る行為をする者が少なくありませんでした。戦前の新聞では、生徒に対する猥褻《わいせつ》行為、殺人、暴行、横領、万引きなど、学校教師によるさまざまな犯罪が報じられています。

最初に挙げる事例は、生徒に好意を抱いた教師が起こした事件です。誘拐、そして今で言うところのストーカーまがいの行為で警察に逮捕されています。

大阪府豊能郡池田小学校元教師黒澤義夫（三八）は、在職中の昨年十月頃同校六年生桑畑もと（一六）を脅かして情を通じ、同人の郷里鳥取県に駆落《かけおち》して居たが、最近大阪へ舞戻《まいもど》って潜伏中もとの父が厳談《げんだん》して連れ戻り市内北区福島小学校に入れたが、またもや十七日午後二時頃黒澤が校門前に待受け、俺を裏切ったら殺してやると脅かしうるさくつけ纏《まと》うので、もとは近くの福島署に飛び込み救いを求めたので義夫は取押えられ、目下《もっか》同署で少女誘拐として調べられている。（讀賣新聞・一九二五年一月二〇日付）

続いて、先生という立場を利用した性犯罪の事例です。

市外巣鴨《すがも》町巣鴨仰高《ぎょうこう》東小学校主席訓導《くんどう》松本信夫（三二）は、受持の尋常《じんじょう》〔小学校〕六年女生徒十数名を裸体にし変態性欲行為があったこと発覚し、この程免職処分となったが、父兄はこれがため激昂《げきこう》し教育界の問題となって居る。松本は青山師範を卒業後渋谷町猿楽《さるがく》小学

（4）明治末から昭和にかけて、新潟県高田市（現・上越市）で〈高田日報〉を発行していた新聞社。戦時中に二度の合併を経て、「新潟日報社」となる。

校に奉職し、大正十五年四月仰高東小学校に転校したもので、家庭には妻との間に四人の子供があり学校でも信任されていた。しかるに昨年十月初旬から受持女生徒六十名の中、女学校入学志望者十八名の受験準備の為め放課後受験生と教室に残っていたところ、数回に亘《わた》って右女生徒を教室内で裸体にし、その中阿部とし子（一三）（仮名）外《ほか》数名を同校謄写版室《とうしゃばんしつ》〔印刷室〕に連れ込み腰部を弄《もてあそ》んでいたもので、いつか右の事実が生徒間に知れ亘り、とし子の父親は憤慨して本年一月九日始業式当日学校に出頭し猪瀬校長に右事実を訴えたので、猪瀬校長は大いに驚き直《すぐ》に松本訓導を呼んで右事実を確かめたところ、松本は右事実を認めたので即日登校を禁じ免職処分を執《と》るに至ったものである。（讀賣新聞・一九二八年二月一八日付）

「訓導」とは、戦前の小学校教師のことです。一般市民であればごくありふれた犯罪とされる行為も、「先生」と呼ばれる立場にある人間がしたとなると、マスコミが大きく報じ、一気に世間の耳目《じもく》を集めることになります。教師は人を教え導く立場にあるがゆえ、日々の行動において模範的でなければならないとする世間の目は、昔も今も変わりません。ちょっと羽目を外した姿が明るみに出て批判・処罰を受ける場合など、やや酷に思えるケースもありますが、明らかな犯罪行為となると話は別です。右記の二例いずれについても弁護の余地はありません。

学校の教師が、自分の勤めている学校に放火するという事件もありました。一九三四（昭和九）年九月八日、東京市渋谷区の代々木初台幡代《はたしろ》小学校が全焼するという事件がありましたが、警察の捜査で同校の川又徳市首席訓導の放火によることが判明しました。同年九月一〇日付の〈東京朝日新聞〉はその動機について次のように伝えています。

> 川又訓導は数年来同校後援会の会計係と学校の物品購入係りをしていたが、学校付近のカフェー遊びから金に詰《つま》り、高利貸から借りた金の穴を埋めようとして後援会費、物品購入費を横領費消し、これを糊塗《こと》〔一時しのぎにごまかす〕せんとして帳簿数十冊を自宅に持ち帰っていた事実を同僚に知られ、警視庁へ投書した者あり。これがため検挙の手が延びようとしていた直前であった。

放火事件を起こす教師は決して珍しい存在ではありませんでした。なかには、非常に安直な動機で犯行に及んだケースもあります。一九三〇（昭和五）年一〇月、樺太の知取《ちとり》第二小学校で火災が発生しました。警察の捜査で、原因は同校の男性訓導の放火によるものと判明しました。取り調べのなかで同訓導が自白した内容を、同年一〇月二七日付の〈東京朝日新聞〉は、「同校の位置が児童の通学に甚だ不便なるを以《もっ》て、学校をう有に帰せしめる〔なくしてしまう〕においては他の適地に建築されるであろうと、無分別にも放火を企てたものである」と伝えています。

児童の通学の不便を解消したいとの思いは理解できるものの、その手段としてとった行動は子どもじみているとしか言いようがありません。

当時の教育界には、教師個人による犯罪だけでなく、汚職など組織的な腐敗も蔓延《まんえん》していました。校長の椅子を得るために多額の金銭を視学《しがく》(5)に贈ることが習慣化していたなど、金権体質が根深く存在していたのです。たとえば兵庫県では、一九三六（昭和一一）年一月に県視学八名が涜《とく》職罪《しょくざい》で摘発されました。同年一月二八日付の〈大阪毎日新聞〉は、この事件について次のように伝えています。

> 兵庫県教育界の醜状《しゅうじょう》は過日来《かじつらい》ぞくぞく明るみに曝《さら》け出されているが、二十六日現在では県視学の定員十三名中八名までが涜職罪で収容され、一名は不拘束起訴、現に司直《しちょく》〔検察官〕の手で追窮《ついきゅう》中のもの二名、ほかに処分保留のもの一名となっており、同県視学陣は完全に破壊された。同様罪名によって収容されたものに前視学と県属〔県の役人〕があるが、かれらは異動を事前に洩《も》らして暗に金品の提供を示唆し、つけ届けのないものは当然昇給、または昇進すべきものを握りつぶしており、ある視学の如《ごと》きは洋服ダンス、茶棚などの家具まで収受していた。女教員から貞操を「収賄《しゅうわい》」したところ、その女教員はすでに校長と醜《しゅう》関係があったため測らずも視学と校長の暗闘事件をまき起したものもあり、その醜状目をおおわしめるものがある。

ところで、近年の事例として、二〇〇八年に発覚した大分県での教員採用試験をめぐる汚職事件をご記憶の方も多いでしょう。学校の校長が、自分の子どもが教員採用試験で合格するよう教

育委員会に働きかけ、金銭の授受が行われたという事件です。この事件で、県教育委員会幹部や校長ら八人が、贈賄《ぞうわい》・収賄の罪で起訴されました。同時に、これにより長年にわたる教育委員会と教員の癒着《ゆちゃく》が明るみに出ました。

構図としては一九三六（昭和一一）年の事件と似ています。直接関連のない出来事とはいえ、約七〇年を経て同様の事件が発覚したという事実は、教育界の癒着構造がいかに根深いかを物語っていると言えるでしょう。

戦前の教育界には、教師と視学の関係だけでなく、金品を受け取って内申書を改ざんするといった教師と一部の親との癒着もはびこっていました。このような腐敗した状況が、教師たちの道徳心をより低下させていたという側面もあります。また、当時の学校教師の給与は決して恵まれたものではなく、生活苦に陥っている人も少なくありませんでした。右記で紹介した事例には当てはまらないものの、生活苦が原因でさまざまな犯罪が引き起こされていたというのも事実です。

一九三五（昭和一〇）年二月一三日付の〈東京朝日新聞〉の論説は、道徳観念が低下した教育界の現状について、東京における事例を挙げたうえで次のように述べています。

〔前略〕事情と環境が何であろうとも、それは許すべからざることであるから、厳重に懲戒を加え、取締をするのは当然であるが、それはただ罪を犯し刑に触れた個人のみならず、こ

（5）　地方の教育を監督する行政官。当時の教員の人事権を握っていた。

──んなことを行ってやましく思わせないような帝都小学校教員社会の風潮、その道徳観を、もっと高め、もっと清めることを、第一としなければならぬのである。

記事では、個々の事件への対処だけでなく、教育界全体の道徳心向上が強く訴えられています。ただ、先に述べたように、当時の教育界には単に道徳の問題として片づけられない構造的な問題が横たわっていたのも事実です。およそ「聖職」と呼ぶにふさわしくない惨状《さんじょう》が広がっていたのが、当時の教育界の姿だったのです。

第 4 章

繰り返されてきた児童虐待

明治末の幼稚園。当時はまだ幼稚園の数は少なく、通えるのはごく一部の子どもに限られていた。(国立国会図書館所蔵)

子どもを虐げる大人たち

子供は親の所有物ではない。封建時代の如く親は子供を生殺《せいさつ》する権利を有《も》たぬ。親は子供の善良なる保護者であらねばならぬ。然《しか》るに何故《なにゆえ》ぞ子供は親の為めに奴隷の如く使われ大人よりも酷《きび》しき圧迫を受け、大人が感情に走って子供を叱るときには手荒き体罰を加えられ、時には動物よりも手荒く酷使されているではないか。

動物虐待防止よりも六千万日東《にっとう》〔日本〕国民の過半数である四千万人の子供の虐待防止を叫ぶことの方が遥《はる》かに急なるべきを感ずる次第である。（西山哲治『教育問題　子供の権利』一一〇ページ）

今日、児童虐待は大きな社会問題となっています。児童相談所が対応した児童虐待相談の件数は毎年増え続けており、二〇〇九（平成二一）年度の時点で四万四二一一件にも上っています。しかし、一九九〇年の一一〇一件という数値から数十倍にまで増加した今日の状況を見て、児童虐待が激増していると判断するのは早計と言えるでしょう。ここに示された数値はあくまでも児童相談所への相談件数であり、決して虐待そのものの件数ではありません。人々の児童虐待に対する認識や関心が高まったことによって相談件数が増えたという事情は容易に考えられます。

また、相談件数の統計は、毎年「過去最多」という言葉とともに報じられ、問題が深刻化しているイメージを強めています。しかし、ここでいう「過去」とは、統計を取りはじめた一九九〇年から今日に至るまでのわずかな期間にすぎません。それ以前にも子どもの虐待は存在し、その多くが表に出ることなく、事実は闇に葬られてきました。統計がとられる前と後の状況を明確に比較することはできませんが、昔も多くの虐待があったことは紛れもない事実です。このことは戦前にも当てはまります。

冒頭に挙げたのは、戦前の教育者である西山哲治《にしやまてつじ》（一八八三〜一九三九）の記述です。虐待される子どもたちの実情を深刻にとらえ、保護を訴えています。では、具体的にどんな虐待が当時行われていたのかについて、いくつか事例を見ていきましょう。

まず、五六歳の父親が一人息子を虐待していたケースです。父親は芸術家で、女中との間に子をもうけましたが、その女中は子どもが二歳のときに家を出ています。それ以後、息子は父親に学校へ行かせてもらえず、家で継続的に虐待を受けていました。七歳から食事や掃除など家事一切をやらされ、度重《たびかさ》なる体罰で生傷が絶えなかったようです。服装は、真冬でもシャツ一枚と股引《ももひき》というありさまでした。警察に保護された少年は次のように語っています。

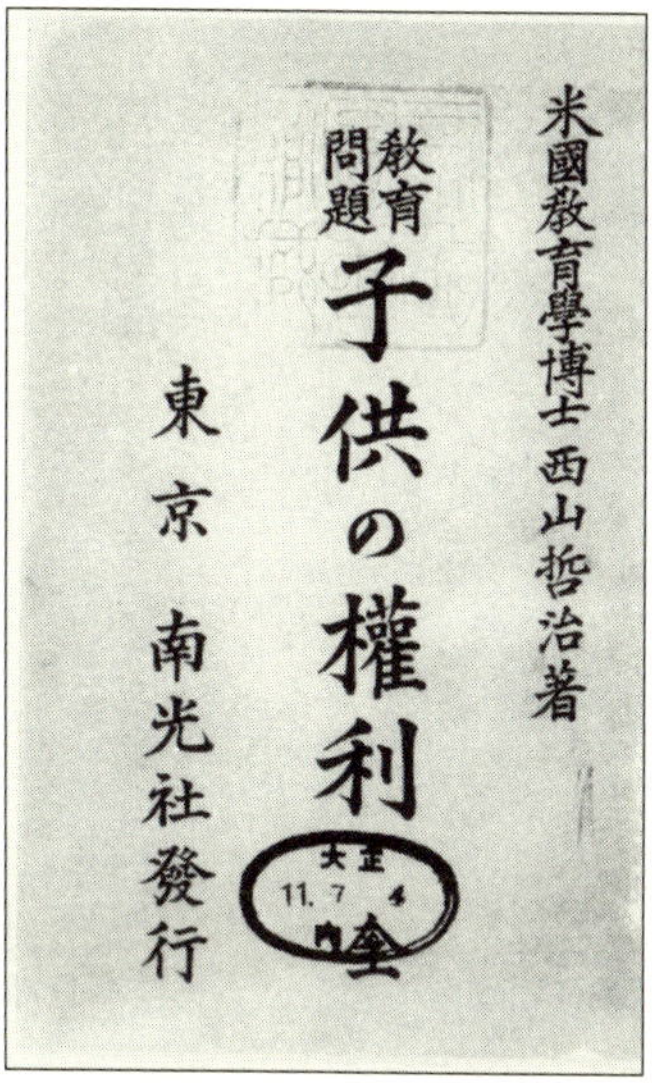

〔前略〕お掃除がおそくなるとぼくを裸にして外に突きだしたり寒い晩に水を打っかけたりするし、ぼくが病気になったってお薬も呉《く》れないでにらみつけてばかりいるの。それでお父ちゃんは畳の上にお布団を敷いて寝るんだけれど、ぼくは台所のコンクリートの上にむしろを敷いて毛布だけをかぶって寝るんだからとても寒いんだ。お洗濯も辛《つら》いよ。ぼく随分学校へ行きたかったけど、お前なんぞ駄目だといってやって呉れなかった。ぼくもうお父ちゃんところへ帰りたくない。お母ちゃんはいるかも知れないけど、ぼくは会いたくない。（東京朝日新聞・一九三四年一月二八日付）

鬼の父とはこれ！
實子を毎日責折檻
相當の家庭で學校へもやらず
虐待防止法を適用

父親による虐待事件を伝えた〈東京朝日新聞〉昭和9年1月28日付

保護されたとき、この少年は一三歳でした。それまで一〇年以上にわたって実父から受け続けてきた虐待という事実が、ようやく世に知られることになったのです。

続いて、二二歳の女性が継子《けいし》〔血のつながっていない子〕を虐待していた事例を紹介します。

この女性はもともと男性が営むカフェの女中でしたが、男性の妻が亡くなったあとに結婚しました。女性は先妻の娘はる子（八歳）を邪魔に思い、日常的に虐待を加えるようになります。のちに付近住民から警察に投書が寄せられ、警察が監視をはじめたおかげで事件が明るみに出ました。

午前一時半頃同家から子供の悲鳴が聞えるのを署員が聞つけ踏こんで調べると、無残やはる子は素裸で柱にしばりつけられ、鬼のようなよし〔女性の名〕はところかまわず梅ぼし大のきゅう〔灸〕をすえ、その上散々棍棒《こんぼう》でなぐっていたので、署員は驚きはる子に保護を加えると共に夫婦を引致《いんち》した。同日は台所で十銭紛失したのをよしが疑い、はる子に食事も与えなかったので、空腹にたまりかねねこに与える飯を取って食おうとしたので、この厳しい折《せっ》かん〔体罰〕にあったものだと。（東京朝日新聞・一九二八年五月九日付）

次も同じく、継母《けいぼ》〔血のつながっていない母親〕が夫の子を虐待していた事例です。女性（二八歳）は二人の男児（一三歳と五歳）をもつ男性と結婚し、娘を一人もうけます。その後、二人の継子に対し憎しみを抱くようになり、虐待をはじめました。女中とも共謀《きょうぼう》しながら日々虐待を続け、やがて二人を学校へ行かせなくなります。

〔前略〕甚だしき夜の如きは両人を太紐《ふとひも》にて縛り上げ、近所へ叫び声が聞えない様に手拭《てぬぐい》を口に捻《ね》じ込んで身体《からだ》の各所にローソクの火をつけたり、下腹部一面に灸をすえた上、手の甲

に炭火をのせて焼きつくのを眺めたり、全く戦慄《せんりつ》すべき変態的な虐待を敢《あえ》てし、ために両人は全身に大火傷《おおやけど》を負わされ、近所にも殆《ほとん》ど出ることを許されず、精神朦朧《もうろう》として幽閉《ゆうへい》同様の苦悶《くもん》にあえいでいた。〔以下略〕（讀賣新聞・一九三〇年七月二一日付）

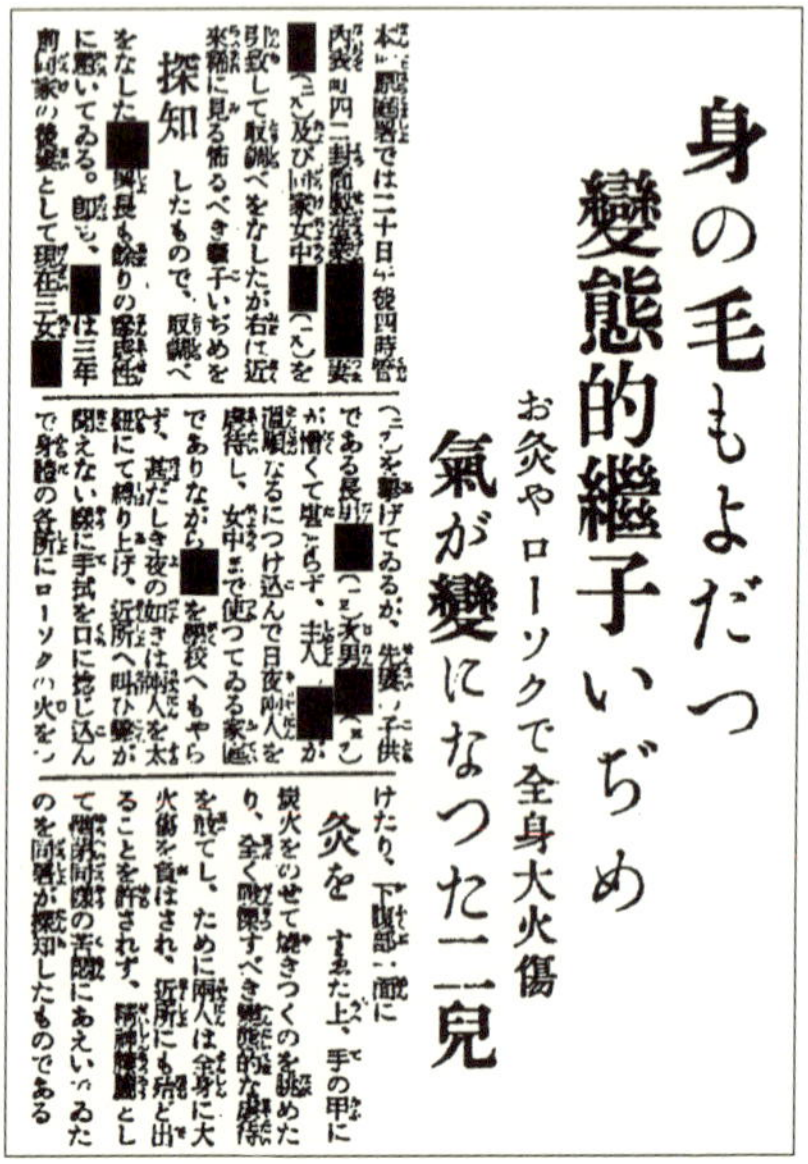
身の毛もよだつ
變態的繼子いぢめ
お灸やローソクで全身大火傷
氣が變になつた二兒

本所署では二十日午後四時管内[illegible]町四二[illegible][redacted]妻[redacted]（二八）及び同家女中[redacted]（一八）を引致して取調べをなしたが右は近来稀に見る怖るべき繼子いぢめを探知したもので、取調べをなした[redacted]の長[illegible]の[illegible]に亙いてゐる。即ち、[redacted]は三年前同家の後妻として現在三女[redacted]（二ナ）を擧げてゐるが、先妻の子供である長男[redacted]（一）次男[redacted]（[illegible]）が憎くて堪らず、夫[redacted]が温順なるにつけ込んで日夜両人を虐待し、女中まで使つてゐる家庭でありながら[redacted]を學校へもやらず、甚だしき夜の如きは両人を太紐にて縛り上げ、近所へ叫び聲が聞えない様に手拭を口に押し込んで身體の各所にローソクの火をつけたり、下腹部に[illegible]に灸をすゑた上、手の甲に炭火をのせて焼きつくのを眺めたり、全く戦慄すべき變態的な虐待を敢てし、ために兩人は全身に大火傷を負はされ、近所にも殆ど出ることを許されず、精神朦朧として幽閉同樣の苦悶にあえいでゐたのを同署が探知したものである

継母による虐待事件を伝えた〈讀賣新聞〉
昭和5年7月21日付

同様に、二七歳の女性が継子二人を虐待していたケースです。女性は二人の女児（八歳と四歳）をもつ男性と結婚し、初めのうちは母親らしく振る舞っていたものの、子どもがなかなか懐《なつ》かないことに業《ごう》を煮《に》やし虐待をするようになりました。

昨年末あたりから事毎《ことごと》に折檻《せっかん》する様になり、食べたいさかりの二児に食事を与えなかったりするうち、これが昂《こう》じて年末以来一歩も戸外へ出さず虐待をつづけていたもの。治代〔八歳の女児〕の如き顔面が青ぶくれになって居《お》り全身に打撲傷、陽子〔四歳の女児〕も同様全身打撲傷の外臀部《がいでんぶ》に焼火箸《やけひばし》のアトらしい生傷があり、一見して虐待の事実が判《わか》ると言う。
──（東京朝日新聞・一九三七年三月一日付）

以上の三例はすべて継母による虐待です。いずれの女性も警察の取り調べを受けるに至っています。実際、当時の児童虐待事例のなかでは、継子に対するものが多くの割合を占めていました。

戦前の日本で、継子はそれほど珍しい存在ではありませんでした。小さな子どもを抱えた母親が病気などで亡くなる、戦争に行った父親が亡くなる、といったケースが多々あったことから、子連れの男性あるいは女性の再婚が当時は頻繁に行われていました。跡取りのいない家、あるいは裕福な家に、養子としてもらわれていく子どもも多数存在していました。また、戦前は事実婚が多かったという事実と同時に、私生児〔婚外子〕の割合が高かったことも付け加えておく必要があります。出生数に占めるその割合は、昭和初頭の時点で約七パーセントでした。今日の約二パーセントという数値と比較しても多かったことが分かります。

虐待が、実子よりも血のつながりのない継子に対して行われやすい傾向があるのは今も昔も同じです。児童虐待が多かった背景には、こうした事情も横たわっていたのです。

当時起きていた継子に対する虐待のなかには、次のような特異な事例もありました。一九三四（昭和九）年、千葉の小学校で六年生（一二歳）の女児に起きた出来事です。

── お昼の時間に弁当を机の上に開いたまま食べようともせず泣き出したので、受持のS女訓導が不審に思い秘かに事情を訊《き》くと「先生これを御覧下さい」と生々しいミミズの入って居る弁当箱を差出した。S訓導も驚き更に事情を詳しく聞くと「継母が毎日弁当を詰め込むとき生きたミミズを御飯に入れているのです」と答えたので早速調査したところそれが事実であることが判《わか》り、同訓導は事件の漏れるのを惧《おそ》れ、その日は別室で自分の弁当を与えて慰めた。（讀賣新聞・一九三四年一月一〇日付）

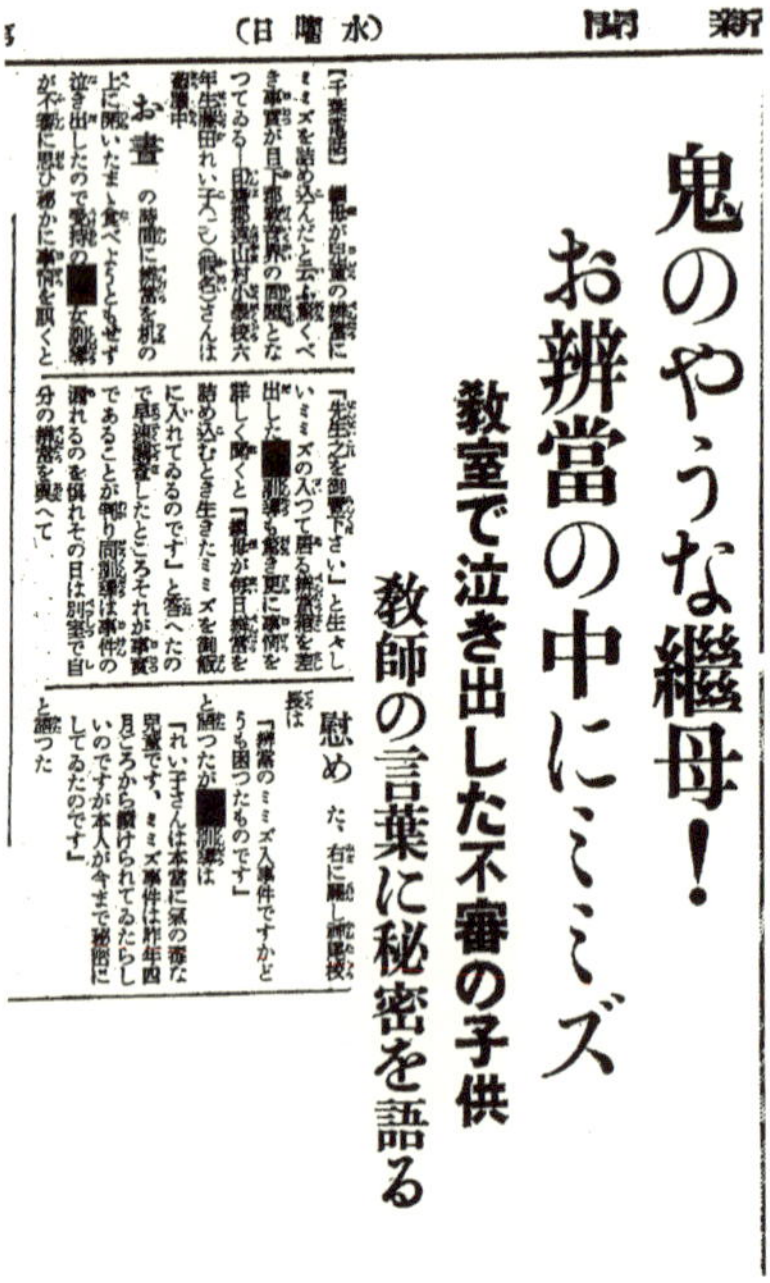
新聞　（水曜日）

鬼のやうな繼母！
お辨當の中にミミズ
教室で泣き出した不審の子供
教師の言葉に秘密を語る

【千葉電話】繼母が兒童の辨當にミミズを詰め込んだと云ふ驚くべき事實が目下郡教育界の問題となつてゐる—印旛郡遠山村小學校六年生藤田れい子(一三)(假名)さんは[illegible]

お晝の時間に辨當を机の上に開いたまゝ食べようともせず泣き出したので受持の[redacted]女訓導が不審に思ひ秘かに事情を訊くと「先生之を御覽下さい」と生々しいミミズの入つて居る辨當箱を差出した[redacted]訓導も驚き更に事情を詳しく聞くと「繼母が毎日辨當を詰め込むとき生きたミミズを御飯に入れてゐるのです」と答へたので早速調査したところそれが事實であることが判り同訓導は事件の漏れるのを惧れその日は別室で自分の辨當を與へて

慰めた、右に關し[illegible]校長は「辨當のミミズ入事件ですかどうも困つたものです」と語つたが[redacted]訓導は「れい子さんは本當に氣の毒な兒童です、ミミズ事件は昨年四月ごろから續けられてゐたらしいのですが本人が今まで秘密にしてゐたのです」と語つた

継母による陰湿なイジメ事件を伝えた〈讀賣新聞〉昭和９年１月10日付

この女児の弁当には、四月から一月のこの日までに何度もミミズが入れられており、本人はずっと秘密にしていたとされています。また、一九二七（昭和二）年には静岡で、小学二年の男児（九歳）の弁当からトカゲの照り焼きが出てきたというニュースも報じられています。これも先の事例同様、継母の仕業でした（東京朝日新聞・一九二七年五月二九日付）。

一方、ネグレクト、すなわち育児放棄の事例も多々報じられています。一九二七（昭和二）年八月、広島市で三六歳の男、木村勝之助とその内縁の妻まつの（二六歳）が〇歳の女児を虐待していた事実が明るみに出ました。

> 犬小屋のような箱に防水布二枚を敷いた上に寝かした儘《まま》の納屋に投げ込み、一度も湯に入れず五ヶ月間僅《わず》かにミルク三缶を与えたのみで、他は飯の汁を飲ませ、それも充分でなく且《か》つ腐敗したものを飲ませたりしたので栄養不良になり、殊《こと》に五ヶ月間も寝かした儘《まま》なので頭の下部その他に一銭銅貨大の孔《あな》があき、常人では正視も出来ね〔ママ〕有様なることを宇《う》品《しな》署で探知し、広島地方裁判所検事局より梅田検事一行現場を調査し、勝之助まつの幼児《ようじ》遺《い》棄《き》罪《ざい》として取調中。（讀賣新聞・一九二七年八月一八日付）

昔の日本社会は近所付き合いが濃密で、近隣住民が互いの家の内情をよく知っていたと言われています。しかし、戦前の児童虐待事件のなかには、発覚するまでに長い時間を要しているケースが多々ありました。親しい近所付き合いがあれば虐待を防げる可能性は高いわけですが、実際はそうでない事例が多かったのです。虐待が行われていることに気付かなかった、知っていたが通報するのをためらった、しつけと認識していた、単に見て見ぬ振りをしていたなど、近隣住民側の事情はさまざまですが、人間関係の希薄《きはく》さが見えてきます。かつての地域社会に対する今日のイメージは、単に美化されているだけの部分が少なくないのかもしれません。

望まれずに生まれた命の処遇

恐るべき子供殺しが頻発している際、内務省社会局内の中央社会事業協会はこの世相にじっとしていられず、警視庁その他と協力して新たに児童監護会を興し、やみからやみへと葬り去られ行く可憐《かれん》な児童の保護救済の実際運動をはじめる事になり、近日急に発会式を挙げる事となった。この監護会はもらい児《ご》に出されるような不幸な子供を引取って各種の社会事業団体及び篤志《とくし》の家庭に預けて養育するのが目的で、子供の処置に困っている者などには適当の方法を講じてやる。またこじきや非人情の興行団に落ちてしまった子供に対しても救護の手をのべ引取って世話をする。（東京朝日新聞・一九三〇年六月一日付）

残念ながら、すべての命が望まれて生まれてくるわけではありません。望まれずに誕生した子どもをめぐる議論は、ずっと昔から続いています。幼い命が大人の手によって奪われたり、親から捨てられたりする事例は昔も今も絶えることがありません。

今日の日本では、母体保護法[1]に基づく人工妊娠中絶、また避妊法の普及によって、かつてほど問題が表に出ることはなくなりました。しかし、嬰児殺《えいじさつ》〔新生児を殺すこと〕や棄児《きじ》〔捨て子〕がなくなったわけではありません。二〇〇六年に熊本市の慈恵病院に設置された「赤ちゃんポスト（こうのとりのゆりかご）」が大きな議論を呼んだことも、この問題の難しさを象徴しています。

戦前の日本では、人工妊娠中絶はすべて非合法でした。国力増強のため、誕生した「国民」の命を絶つことは決して許されることではなかったのです。しかし、堕胎《だたい》〔胎児を殺すこと〕や嬰児殺は、明治に入るまでは半ば公然と行われていました。江戸時代には間引きを禁止するお触れが出されることもありましたが、実効をともなうものではありませんでした。

これらが明確に違法行為とされたのは明治に入ってからです。一八八二（明治一五）年に施行された旧刑法で堕胎罪が定められて以後、堕胎は処罰の対象となりました。嬰児殺にも殺人罪が適用されるようになります。

しかし、法律で禁止されたからといって、堕胎や嬰児殺がなくなったわけではありません。避妊法が普及していなかった時代、望まれずに生まれた命をめぐるさまざまな事件が起きています。医師が闇で堕胎手術を行ったり、産婆《さんば》が取り上げた子をその場で殺したりといったニュースが戦前の新聞には日々報じられています。ただ、表に出てくる事例は氷山の一角で、死産あるいは病死、事故死として処理されてしまった命は少なくありません。

実際、当時の乳児死亡率は今日と比べると異常とも言える高さを示しています。諸外国と比べても、その高さは際立っていました。厚生労働省（旧・厚生省）の統計によると、乳児死亡数は

（1）一九四八年に優生保護法として制定された法律で、不妊手術や人工妊娠中絶ついて定められている。一九九六年に現在の名称に改正された。

表　乳児死亡数・死亡率（出生1,000人対）の年次比較

年次		出生数	乳児死亡数	乳児死亡率（出生1,000につき）
大正9	1920	2,025,564	335,613	165.7
昭和5	1930	2,085,101	258,703	124.1
15	1940	2,115,867	190,509	90.0
25	1950	2,337,507	140,515	60.1
35	1960	1,606,041	49,293	30.7
45	1970	1,934,239	25,412	13.1
55	1980	1,576,889	11,841	7.5
平成2	1990	1,221,585	5,616	4.6
12	2000	1,190,547	3,830	3.2
22	2010	1,071,304	2,450	2.3

（出所）　厚生労働省「人口動態統計」

大正九年時点で一〇〇〇人につき一六五・七人となっています。年とともに減少する傾向は見られますが、一九三九（昭和一四）年までは一〇〇〇人以上の数値が続いています。つまり、当時は生まれた子どもの少なくとも一〇人に一人は生後一年を待たずして亡くなっていたということです。一方、二〇一〇（平成二二）年の数値は一〇〇〇人につき二・三人となっています。この数値からも、当時の乳児死亡率がいかに高かったかが分かります。そのなかには、人為的に断たれた命が多く含まれていることは想像に難くありません。

子どもを殺さないまでも、捨てるという事例も多く見られました。捨て子は明治に入る前から夥《おびただ》しい数に上っており、当時の幕府も厳しく取り締っていました。しかし、明治に入ってからもこの傾向は続きます。

親たちはさまざまな事情で子どもを捨てるも

の の、多くの親は、たとえ自分で育てられない子どもであったとしても、できれば元気に育って欲しいと願うものです。殺したり捨てたりしなくても、誰かの手で育ててもらえるのならそれに越したことはないと考えるのが普通の親です。先に挙げた新聞記事にもある「もらい児《ご》」は、当時頻繁に行われており、多くの子どもが裕福な家や子どものない家にもらわれていきました。

ただ、なかには不幸な末路をたどる子どもが大勢いました。その代表的な例が「もらい子殺し」呼ばれる犯罪です。もらわれた先で幸せに育ってほしい、と願う親心を逆手にとった卑劣な犯罪が当時は横行していました。手口は、子どもを必要としない親から、子どもを譲り受けると同時に養育費を受け取り、その後に殺してしまうというものです。なかには、これを生業《なりわい》とし、大勢の子どもに手を下していた者さえいました。この犯罪に関しては、特定の犯人が複数の子どもを殺害するケースが多かったこともあり、事件が発覚するたびに新聞でセンセーショナルに報じられました。

一九一三（大正二）年六月、愛知県に住むの四五歳の女性がもらい子殺しの疑いで警察に逮捕されました。六月四日付の〈大阪毎日新聞〉は、容疑者が当初行った供述の内容を次のように報じています。

同人は他の婆々《ばば》連二名と共謀し、始末に窮《きゅう》したる私生児を四、五十円の附け金にて貰い受け、三日も経たぬ間に絞殺《こうさつ》〔首を絞めて殺すこと〕または蒲団巻きにして殺害せる数十二、三名に達し、死体は夜陰に畑地または溝の中に深く埋めたる。

ところが、さらなる捜査で殺害した子どもの数は二〇〇以上に上ることが判明し、一八九八（明治三一）年から一六年にわたって金目当ての犯行を繰り返していた事実が白日の下にさらされました。一九一五（大正四）年六月九日付の同紙は次のように伝えています。

最もはなはだしかりしは日露戦役後の事にして、出征軍人《しゅっせい》の家族、未亡人等が不義を働き、生み落としたる児の始末に窮し居れる弱点につけ入り、附け金を目的に貰い受け、その帰る途中に於《お》いて捻《ひね》り殺して路傍《ろぼう》に埋むるなど、ほとんど人間の仕業《しわざ》とは思えざる惨忍《ざんにん》を敢《あ》えて居りしが、二、三人を殺しては転々居所を替えて、巧みに罪跡《ざいせき》を晦《くら》ましいたるなりとぞ。

この事件では、共犯者や殺害することを知ったうえで斡旋《あっせん》していた者など一〇〇名以上が警察の取り調べを受けるに至っています。

一九三〇（昭和五）年五月、東京・新宿駅で預けられた荷物の中から嬰児の遺体が七体も出てくるという衝撃的な事件がありました。[2]当日、自動車で新宿駅を訪れた女性が、赤帽に大型トランクと石油箱〔石油の一斗缶が二つ入る木製の箱〕を預けてそのまま立ち去りました。その後、女性は荷物の受け取りに現れず、また荷物から悪臭がしたため、担当者が警察に届け出てトランクを開けます。すると、中から生後一か月くらいの嬰児の死体が三体出てきました。同じく、石油箱からは嬰児の遺体が四体見つかりました。

警察の調べで、これらの遺体は東京在住の女性の夫が殺害したもらい子であったことが判明します。この夫婦は犯行の発覚を恐れ、逃亡を図る際に遺体を駅に預けたわけです。

　嬰児を殺害したのはいずれも夫でした。彼はもらい子の新聞広告を出し、それぞれの親から数十円ずつ受け取って嬰児を預かっていました。いずれの嬰児ももらい受けたあとに絞殺し、紙に包んで天井裏に隠していましたが、臭気がひどくなったためにトランクなどに入れて床下に放置していたとのことです。夫は、子どもをわたした親たちに犯行が露見《ろけん》しないよう、偽装にも余念《よねん》がありませんでした。

　殺された子供等の両親等はいずれも相当の身分地位のものであるので、子供はくれたものの、絶えずその子供の事が気にかかりしばしば犯人の宅を訪れて「子供を見せて下さい」といって来たものも多く、そのたび毎《ごと》に犯人は既に子供を殺してしまったにもかかわらず、新たに

（2）駅構内で旅客の手荷物を運ぶという仕事をする人。赤い帽子を被っていたことからこう呼ばれるようになった。一流ホテルのポーターをイメージしていただきたい。

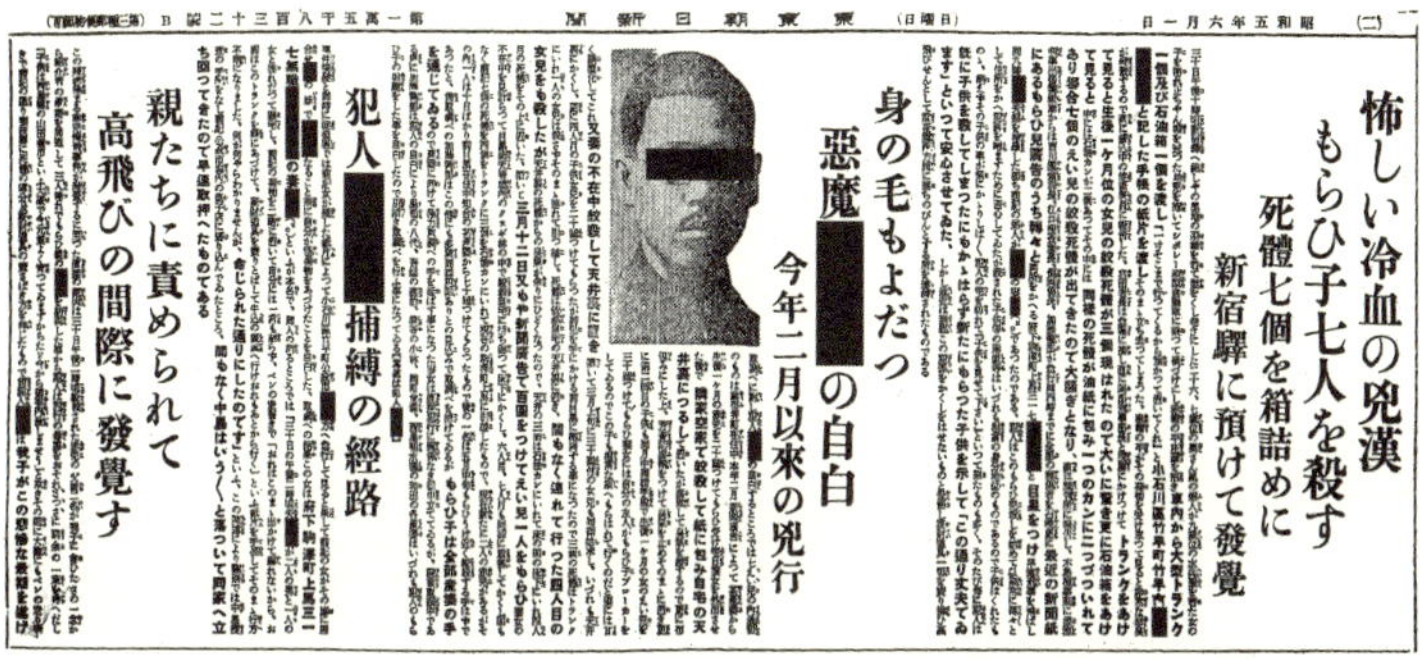
東京朝日新聞（日曜日）　昭和五年六月一日

怖しい冷血の兇漢
もらひ子七人を殺す
死體七個を箱詰めに
新宿驛に預けて發覺

身の毛もよだつ
惡魔[redacted]の自白
今年二月以來の兇行

犯人[redacted]捕縛の經路

親たちに責められて
高飛びの間際に發覺す

もらい子殺しの事件を伝えた〈東京朝日新聞〉昭和5年6月1日付

もらった子供を示して「この通り丈夫でいます」といって安心させていた。（東京朝日新聞・一九三〇年六月一日付）

同じく一九三〇（昭和五）年六月、東京で託児療院経営の四三歳男性と、その妻で産婆の三五歳女性が逮捕されました。この二人は、新聞に「子供貰《もら》ひたし」との広告を出し、私生児の処分に困っている人から一〇〇円から二〇〇円の養育費を受け取り、その後に殺害するという犯行を繰り返していました。

手口は、「音楽家女給その他から不義の結晶たる嬰児十六名をもらい受け、自宅の裏に新設した六畳の一室に雀の子のように雑居させて残飯、味噌汁等を一日一回与えるだけで栄養不良に陥らせて餓死させた」（報知新聞・一九三〇年六月三〇日付）とされています。さらに死産証明書を偽造し、一部の遺体を病院に売却までしていました。

こうした残虐な犯行は、個人と共謀者数名で行われるケースが多かったようですが、なかには、集落の住民ら多数が共謀して子どもをもらい受け、不当に金銭を得ていたという事件もあります。発覚したのは一九三〇（昭和五）年四月、場所は東京のある貧しい集落です。そこに暮らす住民らは、養育費付きのもらい子があるとそれを引き受け、そこで得た金銭を飲食などに費やすという行為を繰り返していました。一方、もらい受けた子どもは、多くの場合十分な養育をされぬまま放置され、亡くなっています。

これらの子供はもらわれてから大抵十日か十五日以内に、ほたるよりも短い命をとられる。〔中略〕数日間形式的に育てた上、結局、栄養不良、乳房の窒息死、血脚気体毒、過失致死等の形式で巧に法網《ほうもう》をくぐって片付けてしまう。五歳か十歳で死んだものは私立医大の解剖研究用に売り、育てあげたものはこじきの手引にし、十五六歳を過ぎると男なら北海道等の監獄部屋に、女ならば娼妓《しょうぎ》に売りとばすという食人種そこのけの言語道断な処分だ。（東京朝日新聞・一九三〇年四月一五日付）

事件が発覚した時点で、この集落にはもらい子が三〇〇から四〇〇人もいたとされています。戸籍に、一家族で十数人の子どもが載っているというケースも珍しくありませんでした。それ以前の数を含めた正確な人数は明らかになっていませんが、長期にわたり、この集落で相当数の子どもが命を奪われていたようです。

「もらい子殺し」のような金目当ての犯罪ではなく、村の人口調整の手段として組織的に嬰児殺が行われていたケースもあります。

一九二九（昭和四）年二月、伊豆諸島のある村で、二七歳の女性が生まれて間もない女児を絞殺し、墓地に埋葬していたという事実が発覚しました。警察が墓地を調査すると、そこから子どもの白骨死体五〇体が発見されました。この村には、三人以上の子どもが生まれた場合、母親の手で子どもを殺害し闇に葬り去るという習慣があり、数十年にわたって嬰児殺しが続けられていたということです（報知新聞・一九二九年二月一七日付）。

同様に、三重県のある村でも、中流以下の家庭で三人目もしくは四人目の子どもが生まれた場合、すぐに殺すことが慣習的に行われていました。一九三三（昭和八）年一〇月にこの事態が明らかとなり、三五人以上が警察に検挙されるとともに、複数の嬰児の遺体が発見されました（新愛知・一九三三年一〇月二五日付）。また、一九二七（昭和二）年にも島根県のある村で組織的に産児制限のための堕胎が行われていた事実が発覚し、二六人が検挙されています。

一九三〇（昭和五）年六月一一日付の〈東京日日新聞〉は、子殺しの事件が頻発する世相に対して論説で次のように述べています。

> 日本の社会問題は、英国よりも百五十年遅れたというのが、たとい酷評《こくひょう》であるにしても、児童の擁護《ようご》、保護、救護の三つの方法中の一つもまだ完全に出来上らず、ことに児童虐待を防ぐ方法などが、みじめなほど不備な結果が、一家心中や、もらい児殺しのような惨事を大っぴらに公行《こうこう》させる事になる。

子どもを守る社会システムの不備が、多くの悲劇を招く要因になっているとの指摘です。こうした声が、のちの児童虐待防止法の制定につながっていきます。

児童虐待防止法の施行

孤児院からと称して、また、年もいかない子供を、軒毎《のきごと》に立たせて、物を売らせるのや、また、四つか、五つの子供を地面に坐《す》わらせて、通る人々に頭を下げさして銭を乞《こ》わしめるのなどを、私は、見る時に、血は躍上《やくじょう》する。その者の罪は、まさに死に値すると感ずるのである。（讀賣新聞・一九二三年四月二二日付）

児童文学者の小川未明《おがわみめい》（一八八一〜一九六一）は、子どもを虐待する大人、そしてそれを取り締まらない社会に対して怒りの声を上げています。続けて、「この社会には、うるさい程いろいろの法律があるのに、なぜ、この子供を虐待する親達や、大人を取締ることができないのだ。子供が、その両親や、祖父母を訴うることを許さずと法律で定めながら、なぜ、子供をも大事にしない親達を厳重に取締まらないのだ」（前掲紙）と述べ、児童を虐待から守るための法整備を訴えました。

すでに述べてきたように、当時は児童虐待が多発し、大きな社会問題となっていました。先に挙げたような家庭内における虐待のほか、子どもを労働に従事させることも虐待とする認識が徐々に広がっていました。当時の子どもが強いられていた労働には、サーカスの曲芸から物売り、飲食店の給仕までさまざまなものがあります。また、古くから慣習的に行われていた丁稚奉公《でっちぼうこう》

〔子どもが商店などに住み込み、ほぼ無給の形で下働きをする制度〕も虐待とする見方が強まりつつありました。

なかには、路上で物乞《ものご》いをさせたり、身体の障害を見世物《みせもの》にするといったことまで行われていました。今日ではとても考えられませんが、戦前は人の姿を晒《さら》して金銭を得る行為も決して珍しいものではなかったのです。見世物という商売が成立していた当時の日本社会に関して、次のような指摘があります。

夫《そ》れ親子の情は貴賤となく一つにて、その間に甲乙《こうおつ》〔優劣〕あるものにあらざるべきに、世には人鬼もありて、己《おのれ》が不具《ふぐ》〔身体に障害があること〕の子を生みし時は忽《たちま》ちこれを香具師《こうぐし》〔＝かぐし、物売りや見せ物などの興行を行う人〕の手に渡して観物《みせもの》となし、不義の利益を得んとするものあり。これ等は貧乏に苦しみたる揚句《あげく》、悪いことと知りつつ余儀無《よぎな》くする業《わざ》なるべけれど、仮令《たとい》餓えて死するとも自分の子を観せ物にすることは人情を解《かい》するものの忍ぶ処《ところ》にあらざるべし。加うるに、香具師が不具の児《こ》を貰い受けて観せ物となすに当りては、その児の父母の名より故郷の町村名番地等をさへ説明して、子を売りし親の恥を公衆に向って披露するにあらずや。されどまた一方より考うれば不具の人を弄《ろう》してこの種の観せ物を興業せしむるに至りしもの、その罪寧《むし》ろ一般の社会に在りといわざるを得ず。蓋《けだ》し〔たしかに〕我国人《わがこくじん》は前にも記せし如く、総体に同情という念乏しく、不具の人を見るも気の毒とは思わずして珍らしと視《み》るなり。不具の子の観せ物などを興行するも、これを観るを厭《いと》うの心を起さずして、我勝《われがち》にこれを観んことを競うなり。かかる有様なれば、不具の子の生《うま》るる時は香具師などがこれに注目し、種々その父母を勧誘して観せ物に売らしめんとするは怪《あやし》むに足らず。もし一般の社会が不具者に向って同情を表しこれを公衆の玩弄《がんろう》〔おもちゃ〕に供するを恥ずかしと思うに至らば、如何《いか》に無情の父母ありと雖《いえど》も、また如何に残忍なる香具師ありと雖も、不具の児は観せ物となりて恥を晒《さら》すに至らざるならん。（讀賣新聞社編『公徳養成之実例』九六〜九七ページ）

身体に障害をもつ子どもを授かったとき、貧しさゆえにやむなく香具師に売ってしまう親は少なくありませんでした。ただ、こうした子どもを見世物にする商売が成り立っていた背景には、同情心に乏しい人が多く存在していたという事実があるわけです。見世物にされる子どもに同情を寄せることなく、ただ珍しがって好奇の目で見ているだけの人が少なくなかったということです。

当時の人々は、身内や知人以外の他者に対する同情心が乏しかったという事実は否めません。この点は、これまでの章で言及してきた、他者に対する礼儀の欠如や、公共の場における傍若無人な振る舞いにも通ずるところがあります。

見世物にかぎらず、子どもにさまざまな労働を強いることが当たり前のように行われていた時代、児童虐待についての認識はまだ一般庶民の間では共有されていませんでした。そうした背景がありながらも、この問題への対処を求める声は徐々に高まっていきます。そして一九三三（昭和八）年、「児童虐待防止法」という法律が制定されました[3]。

法が施行される三年前の一九三〇（昭和五）年九月、内務省社会局が全国の被虐待児童について調査した結果を公表しています。これは全国の警察で調査・取り調べを行った虐待の事案について、その人数を集計したものです。調査結果によると、一九二九（昭和四）年中に虐待を受けた児童（児童虐待で検挙された保護責任者への取調べから判明した人数）一二四人（一四歳未満七四人、一四歳以上二〇歳未満五〇人）。曲馬《きょくば》・軽業《かるわざ》など危険な諸芸に従事させられていた児童三九二人（同一七〇人・二二二人）。身体の障害などを見世物にされていた児童九人（同五人・四人）。給仕・芸妓・酌婦・俳優など「特殊の業務」に従事させられていた児童六六〇七人（一四歳未満のみ）。丁稚《でっち》など「報酬による養児」とされていた児童五五四三人（一四歳未満のみ）[4]となっています。この調査結果について、一九三〇（昭和五）年九月二四日付の〈讀賣新聞〉は次のように述べています。

―これ等の児童はいづれも酸鼻《さんび》を極めた〔痛ましい〕虐待仕置《しおき》に遭《あ》ったものや、九人の妻と

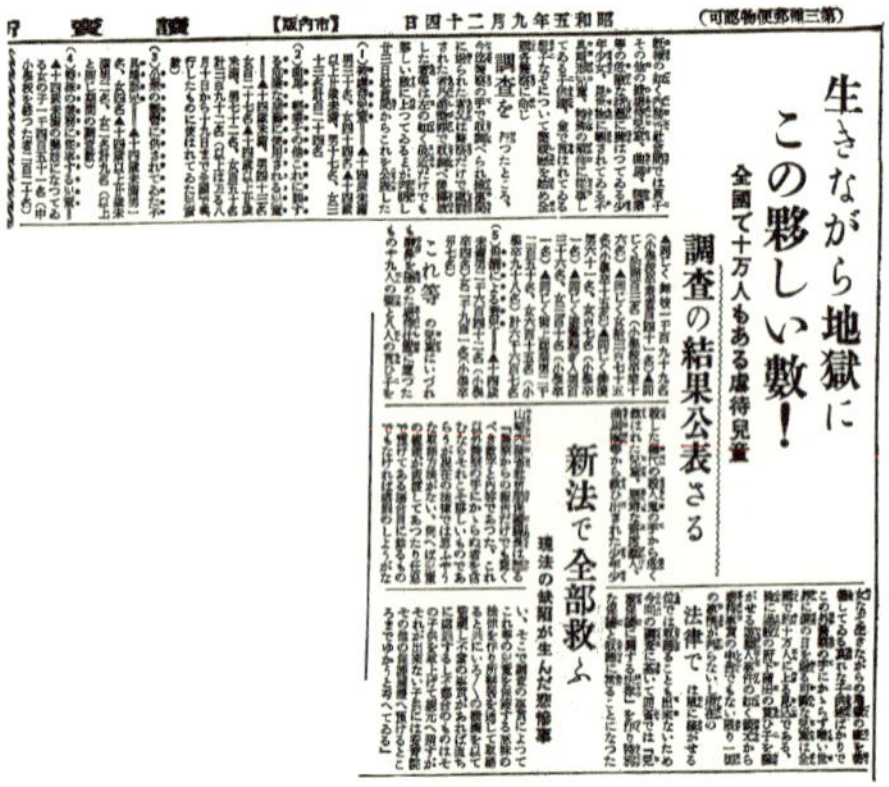
生きながら地獄にこの夥しい數！
全國で十万人もある虐待兒童
調査の結果公表さる
新法で全部救ふ

児童虐待に関する実態調査の結果を伝えた〈讀賣新聞〉昭和５年９月24日付

八人の貰い子を殺した稀代《きたい》の殺人鬼の手から危《あや》うく救われた児童、悪埒《あくらつ》な寄席《よせ》芸人、曲馬団《きょくばだん》等から救い出された少年少女なぞ生きながらの地獄の底を彷徨《ほうこう》している哀れな子供達ばかりで、この外《ほか》警察の手にかからず暗い世界に涙の日を送る可憐《かれん》な児童は全国で約十万人に上《のぼ》る見込である。

調査によって明るみに出た数値は氷山の一角であったとはいえ、多くの虐待があるという事実は世に知らされることとなりました。しかし、この時点ではまだ虐待に対処するための法律はありませんでした。以後、児童虐待を取り締まり、子どもを保護する法律を求める機運が高まり、児童虐待防止法の成立に至るわけです。

法律で保護の対象とされたのは一四歳未満の児童です。児童を保護することと同時に、違反者に罰則を科すことが規定されました。もちろん、憎悪《ぞうお》による虐待とともに営利目的に利用する虐待も対象とされています。後者に関しては、身体の障害を見世物にすること、物乞いをさせること、軽業《かるわざ》や曲馬といった公衆娯楽を目的とする危険な行為、芸妓や給仕など酒席にかかわる仕事、街頭での歌や踊り、街頭での物品販売などについて、禁止もしくは制限が設けられることとなりました。

（3）二〇〇〇（平成一二）年五月制定の「児童虐待防止法（児童虐待の防止等に関する法律）」とは異なる。
（4）調査結果の数値は〈讀賣新聞〉一九三〇年九月二四日付による。

児童虐待防止法は一九三三（昭和八）年一〇月一日に施行されましたが、子どもを取り巻く状況が必ずしも改善されたわけではありません。施行後、この法律の不備が次第に明らかになっていきます。

たとえば、施行から約一か月後の一〇月二四日、女中として働く一三歳の女児を虐待していたとして、名古屋市で洋服商を営む夫妻が警察の取り調べを受けました。この女児は、その一年半前に同夫妻宅へ奉公に入りましたが、そこで酷使、虐待を受け、空腹のために付近の民家に侵入して、ご飯を食べているのを発見されたことから事件が発覚しました。

〔前略〕彼女が頼るべき唯一の主人夫婦過去一ヶ年半の間にY〔人名はイニシャルに変更。以下同〕ちゃん〔女児〕に与えた小遣い銭は僅《わず》かに二十銭。お風呂も十ヶ月目に一回、頭髪の手入れをせんとするや子供のくせに生意気なと怒鳴りちらし、食事もロクロク与えず常に飯櫃《めしびつ》の中には小さい茶碗に二杯ほどの御飯を残すのみで菜を与えず、寒中でも夜は十時頃まで洗濯させ、グズグズ言えばS〔主人〕の妻Hが殴打し、Yちゃんの体には生傷の絶えた時がなく、最近ではYちゃんが栄養不良と過労のため顔面蒼白《そうはく》となり、その上空腹を充たすため付近の店頭の駄菓子類は勿論《もちろん》、去る十四日の如き同町Mさんの台所に忍び込み飯櫃《めしびつ》の中に手をつき込んでガツガツとご飯を食べている様を見たMさん始め付近の人々が、余りのことに受持の山川巡査に密告したものである。〔以下略〕（新愛知・一九三三年一〇月二五日付）

虐待の事実があったものの、夫妻にかけられた容疑は傷害および不法監禁でした。児童虐待防止法は対象とする職業が限定されているため、女中として雇われていた女児のケースには適用されなかったのです。

児童虐待防止法は、法の不備という問題があっただけでなく、一方で新たな問題を生み出しました。同法で禁止された路上での物売りは、身寄りのない孤児たちにとって生活の糧《かて》を得る重要な手段でもありました。しかし、法の施行によってこれができなくなります。職を奪われる形になった孤児たちのなかには、スリなどの犯罪に手を染める者もいました。児童を保護するための法律が逆に児童を苦境におとしめるという、皮肉な現象も起きていたのです。

課題が残されていたとはいえ、法律によって児童を守るための一定の環境が整ったことは確かです。しかし、それ以後も虐待がなくならなかったことは、先に紹介した事例からも明らかです。物売りなどの労働に従事する子どもを街頭で摘発することは比較的容易ですが、家の中で行われている虐待の摘発は難しいという事情もあるわけです。施行後の状況について、当時の社会事業協会（現・社会福祉協議会）総務部

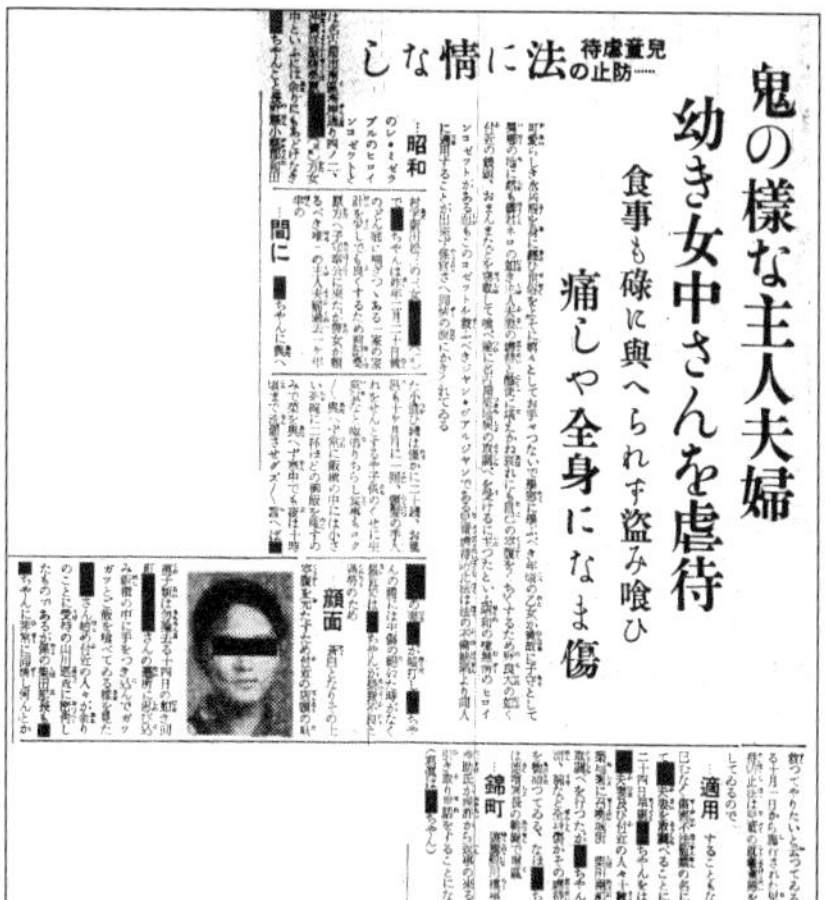
児童虐待の防止……法に情なし

鬼の様な主人夫婦
幼き女中さんを虐待
食事も碌に與へられず盗み喰ひ
痛しや全身になま傷

女中として働いていた児童への虐待事件を伝えた〈新愛知〉昭和8年10月25日付

の担当者が次のように語っています。

児童虐待防止法が実施されてから二年余になるが、予算の関係で十分に効力を発揮しているとは残念ながら云《い》えない。しかし一方この法律の精神が一般に徹底していないことも、一つの大きな原因になっていることは見逃せない。今日まで一歳未満の子供がこの法律に一人もひっかかっていないのに、貰い子殺しなどの惨事があるところを見ると、一歳未満の子供がどこかで虐待されているわけである。そしてその虐待されていることを、誰かが知っている筈《はず》であるが「他人《ひと》の家《うち》」のことだといって当局へ知らしてくれないとみえる。（東京朝日新聞・一九三五年一二月二七日付）

法が一般に周知されていないことと同時に、他人の家で起きている虐待を見て見ぬ振りをする人がいるという見解です。家父長《かふちょう》の権限が強かった時代、近隣の住民のみならず、警察も家の中

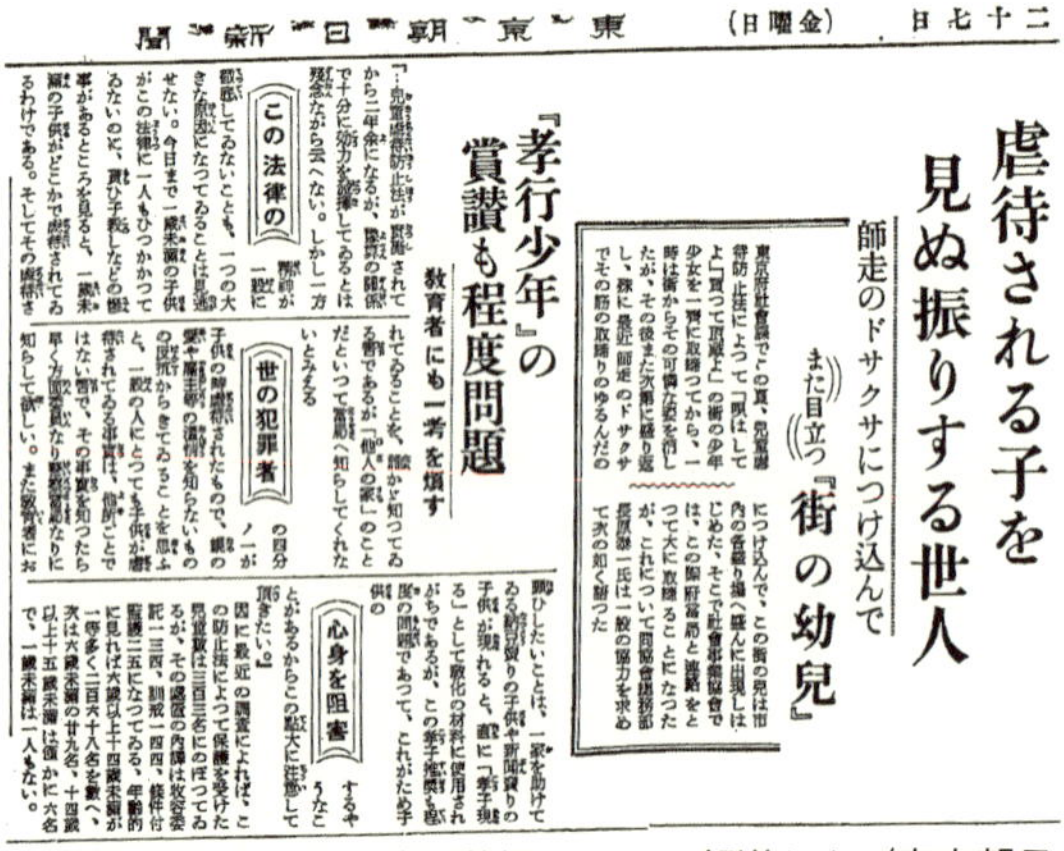
東京朝日新聞　（金曜日）　二十七日

虐待される子を見ぬ振りする世人

師走のドサクサにつけ込んで　また目立つ『街の幼児』

『孝行少年』の賞讃も程度問題

教育者にも一考を煩す

この法律の

世の犯罪者

心身を阻害

児童虐待防止法施行後の状況について報道した〈東京朝日新聞〉昭和10年12月27日付

で起きている問題に対しては積極的に介入しなかったことも、虐待を減らせなかった要因として挙げられます。よその家庭内の問題にどこまで踏み込むべきか、八〇年近く経った今日もこの点が壁になっている状況はそれほど変わっていないと言えるでしょう。

なお、児童虐待防止法は、一九四七（昭和二二）年に「児童福祉法」に引き継がれる形で廃止されるに至ります。参考までに、児童虐待防止法の全文を以下に掲載しておきます。

児童虐待防止法（旧字体は新字体に変換）

昭和八年四月一日　法律第四十号

第一条　本法ニ於テ児童ト称スルハ十四歳未満ノ者ヲ謂フ

第二条　児童ヲ保護スベキ責任アル者児童ヲ虐待シ又ハ著シク其ノ監護ヲ怠リ因テ刑罰法令ニ触レ又ハ触ルル処アル場合ニ於テハ地方長官ハ左ノ処分ヲ為スコトヲ得

一　児童ヲ保護スベキ責任アル者ニ對シ訓戒ヲ加フルコト

二　児童ヲ保護スベキ責任アル者ニ對シ条件ヲ附シテ児童ノ監護ヲ為サシムルコト

三　児童ヲ保護スベキ責任アル者ヨリ児童ヲ引取リ之ヲ其ノ親族其ノ他ノ私人ノ家庭又ハ適当ナル施設ニ委託スルコト

前項第三号ノ規定ニ依ル処分ヲ為スベキ場合ニ於テ児童ヲ保護スベキ責任アル者親権者又ハ後見人ニ非ザルトキハ地方長官ハ児童ヲ親権者又ハ後見人ニ引渡スベシ但シ親権者

又ハ後見人ニ引渡スコト能ハザルトキ又ハ地方長官ニ於テ児童保護ノ為適当ナラズト認ムルトキハ此ノ限ニ在ラズ

第三条　地方長官ハ前条ノ規定ニ依ル処分ヲ為シタル場合ニ於テ必要アリト認ムルトキハ児童ガ十四歳ニ達シタル後ト雖モ一年ヲ経過スル迄仍其ノ者ニ付前条ノ規定ニ依ル処分ヲ為スコトヲ得

第四条　前二条ノ規定ニ依ル処分ノ為必要ナル費用ハ勅令ノ定ムル所ニ依リ本人又ハ其ノ扶養義務者ノ負担トス但シ費用ノ負担ヲ為シタル扶養義務者ハ民法第九百五十五条及第九百五十六条ノ規定ニ依リ扶養義務ヲ履行スベキ者ニ対シ求償ヲ為スヲ妨ゲズ

第五条　前条ノ費用ハ道府県ニ於テ一時之ヲ繰替支弁スベシ

前条ノ規定ニ依リ繰替支弁シタル費用ノ弁償金徴収ニ付テハ府県税徴収ノ例ニ依ル

本人又ハ其ノ扶養義務者ヨリ弁償ヲ得ザル費用ハ道府県ノ負担トス

第六条　国庫ハ勅令ノ定ムル所ニ依リ道府県ノ負担スル費用ニ対シ其ノ二分ノ一以内ヲ補助ス

第七条　地方長官ハ軽業、曲馬又ハ戸戸ニ就キ若ハ道路ニ於テ行フ諸芸ノ演出若ハ物品ノ販売其ノ他ノ業務及行為ニシテ児童ノ虐待ニ渉リ又ハ之ヲ誘発スル処アルモノニ付必要アリト認ムルトキハ児童ヲ用フルコトヲ禁止シ又ハ制限スルコトヲ得

前項ノ業務及行為ノ種類ハ主務大臣之ヲ定ム

第八条　地方長官ハ第二条若ハ第三条ノ規定ニ依ル処分ヲ為シ又ハ前条第一項ノ規定ニ依ル禁止若ハ制限ヲ為ス為必要アリト認ムルトキハ当該官吏又ハ吏員ヲシテ児童ノ住所若ハ居所

又ハ児童ノ従事スル場所ニ立入リ必要ナル調査ヲ為サシムルコトヲ得此ノ場合ニ於テハ証票ヲ携帯セシムベシ

第九条 本法又ハ本法ニ基キテ発スル命令ノ規定ニ依リ地方長官ノ為ス処分ニ不服アル者ハ主務大臣ニ訴願スルコトヲ得

第十条 第七条第一項ノ規定ニ依ル禁止若ハ制限ニ違反シタル者ハ一年以下ノ懲役又ハ千円以下ノ罰金ニ処ス

児童ヲ使用スル者ハ児童ノ年齢ヲ知ラザルノ故ヲ以テ前項ノ処罰ヲ免ルルコトヲ得ズ但シ過失ナカリシ場合ハ此ノ限ニ在ラズ

第十一条 正当ノ理由ナクシテ第八条ノ規定ニ依ル当該官吏若ハ吏員ノ職務執行ヲ拒ミ、妨ゲ若ハ忌避シ又ハ其ノ尋問ニ対シ答弁ヲ為サズ若ハ虚偽ノ陳述ヲ為シ又ハ児童ヲシテ答弁ヲ為サシメズ若ハ虚偽ノ陳述ヲ為サシメタル者ハ五百円以下ノ罰金ニ処ス

附 則

本法施行ノ期日ハ勅令ヲ以テ之ヲ定ム （昭和八年八月二日勅令第二百十七号ヲ以テ昭和八年十月一日ヨリ施行）

第5章

すでに失われていた敬老の美風

1926年（大正15年）に竣工した浴風会（浴風園）本館。浴風会は関東大震災で被災した老人の救済を目的に建てられた施設で、当時の代表的な養老院として知られる。〔昭和〕（杉並区・すぎなみ学倶楽部提供）

老いた親を虐待する家族

昔しは大老とか老中とか家老とかいう風に、政治上の重職には皆「老」の字を用い、「老《ろう》台《だい》」と言えばかなり重い敬称になったもので、年寄りという字は、直《ただち》にその人を貴《たっと》ぶ意味であったそうです。然《しか》るに今ではこれと反対で、「老」の字は何《な》んだか軽侮《けいぶ》の意味に多く使われます。時代が若くて、生気があるというのも結構ですが、しかしそれが家庭にまで及んで、子供が大人を侮るというようなことは、怖ろしいことです。（讀賣新聞・一九一八年六月一一日付）

「昔は高齢者を大切にする美風があった」、「昔は当然のようにお年寄りに敬意が払われていた」、戦前の日本人が高齢者を大切にしていたということは、ほとんど常識のごとく今日語られています。家父長制《かふちょうせい》が機能していた時代、親・高齢者を敬うことは、少なくとも建て前のうえでは当り前でした。

しかし残念ながら、冒頭の記述でも指摘しているように、戦前においてすでにそうした価値観は廃《すた》れていたというのが事実です。第1章で紹介した、列車内で高齢者に席を譲らない若者たちの例もその一端を表しているでしょう。単に席を譲らないという程度ならまだしも、高齢者を虐待し、ひどい場合には死に至らしめる事件も決して珍しいことではなかったのです。

まず、息子が高齢の親を虐待し、警察に検挙された二つの事件から見ていきます。

一九二五（大正一四）年八月、愛知県八名郡下川村（現・豊橋市）で四一歳の男が高齢の両親を虐待した疑いで警察に検挙されました。同年八月二三日付の〈新愛知〉によると、男は父親と継母《けいぼ》と同居していましたが、両親への生活支援は一切していませんでした。父親は病気で働けない状態であったため、継母が働いて生計を立てていました。男は継母と数年前から意見が合わなくなり、虐待を加えるようになります。さらに、父親に対しては継母との離縁まで要求していました。

父親は「俺も永《なが》い事はあるまいから死ぬまでどうか面倒を見てくれ」と涙ながらに訴えるも、エスカレートする男の虐待に耐えかねて継母は家を去り実家へ戻りました。その後、継母は夫の様子を見るためたびたび家に戻りますが、そのたびに男は継母を屋外へ突き出します。継母は、夫の病状が悪化すると息子の留守中に看病に訪れ、夜は付近の家に泊めてもらうという生活を続けましたが、これを知った男は竹棒で継母を殴打《おうだ》したのです。継母が重傷を負って病院へ運ばれたことから事件が明るみに出ました。

次は、一九三六（昭和一一）年一一月、老父母を虐待していた疑いでその息子夫婦が警察に検挙された事件です。東京に住む女性川田H〔人名はイニシャルに変換。以下同〕（七六歳）の悲鳴を聞きつけた近所の住民からの訴えによって事件が発覚しました。この事件では、息子J（三九歳）とその内妻《ないさい》〔内縁の妻〕S（二四歳）の二人が、警察に引致《いんち》されるに至ります。

夫婦はかねてからHさんを事毎《ことごと》に虐《いじ》めていたが、それを苦に母が自殺を図るや、その口から自分の非行がばれるのを恐れその後一週間、生みの母であるHさんの背に一間《いっけん》〔約一・八メートル〕余の竹竿を通し両手にも三尺《さんじゃく》〔約〇・九メートル〕余の竹竿を横に通して磔《はりつけ》のようにしてその自由を奪い日夜折檻《せっかん》し〔体罰を与え〕、老妻をかばう実父にも監視の眼をゆるめず脅迫しつづけていたといわれ、Hさんの悲鳴から近所の人達がその事実を知って富坂署に投書したのである。Jは二年前、一家が牛込区東五軒町から引越して来た時、その敷金二百五十円を奪って大阪方面に逃げ遊び廻っていたが、去る六月ごろブラリと帰京。毎日何にもしないので実母の世話になりながら母の貯金七百五十円を奪って近所のカフェーツバメに入り浸って、そこの女給だった内妻Sに入れあげていたが、去る八月老父母の面倒をみるという約束でSを内妻に迎えたが、それどころかSも鬼のような心の持主で、若夫婦は老父母を邪魔もの扱いにして虐待につぐ虐待。ついに実母はこれを嘆き悲しんで自殺まではかったほどであった。（讀賣新聞・一九三六年一一月一三日付）

珍らしい鬼夫婦
老母を無殘磔《はりつけ》に
悲鳴を聞きつけた隣人の
投書から檢擧さる

去る五日朝小石川區下富坂町一九[redacted]さんが[redacted]さん……縊死をはかつた自殺未遂事件があつたが、圖らずもこの裏には一人息子[redacted]とその内妻[redacted]の實母虐待が秘められてゐたことがわか

り鬼夫婦は十二日朝本富士署に檢擧された

夫婦はかねてから[redacted]さんを事毎に虐めてゐたが、それを苦に母が自殺を圖るやその口から自分の非行がばれるのを恐れその後一週間、生みの母である[redacted]さんの背に一間餘の竹竿を通し兩手にも三尺餘の竹竿を横に通して磔のやうにしてその自由を奪ひ日夜折檻し老妻をかばふ實父にも監視の眼をゆるめず脅迫しつゞけてゐたといはれ[redacted]さんの悲鳴から近所の人達がその事實を知つて富坂署に投書したのである

[redacted]は二年前一家が牛込區東五軒町から引越して來た時、その敷金二百五十圓を奪つて大阪方面に逃げ遊び廻つてゐたが去る六月ごろブラリと歸京、毎日何にもしないで實母の世話になりながら母の貯金七百五十圓を奪つて近所のカフェーツバメに入り浸つて、そこの女給だつた内妻[redacted]に入れあげてゐたが、去る八月老父母の面倒をみるといふ約束で[redacted]を内妻に迎へたがそれどころか[redacted]も鬼のやうな心の持主で若夫婦は老父母を邪魔もの扱ひにして虐待につぐ虐待、つひに實母はこれを嘆き悲しんで自殺まではかつたほどであつた

母親に対する虐待事件を伝えた〈讀賣新聞〉昭和11年11月13日付

前章で紹介した児童虐待の事例では、実子よりも血のつながりのない継子に対して行われやすい傾向がありましたが、高齢者の虐待に関してそうした傾向はなかったようです。実の親か継父母かにかかわらず、虐待の対象とされています。虐待をした男らの目には、老いた親が厄介な同居人としか映っていなかったのでしょう。もはや、そこに家族の情はありません。

続いて、虐待が死に至ったケースを三例紹介します。

一九二八（昭和三）年六月、東京で三六歳の男とその妻が七三歳の養祖父を遺棄《いき》〔置き去りにすること〕した疑いで警察の取り調べを受けました。養祖父は当初、脳溢血《のういっけつ》で死亡したと届け出られていましたが、不審な点があったため警察が捜査したところ、虐待の事実が判明したのです。

その前年の一〇月、男とその妻は千葉県から養祖父を引き取っています。しかし、この年の五月に養祖父が事故で半身不随になり、虐待がはじまりました。

――新築家屋に病臥《びょうが》させる事を嫌って庭の

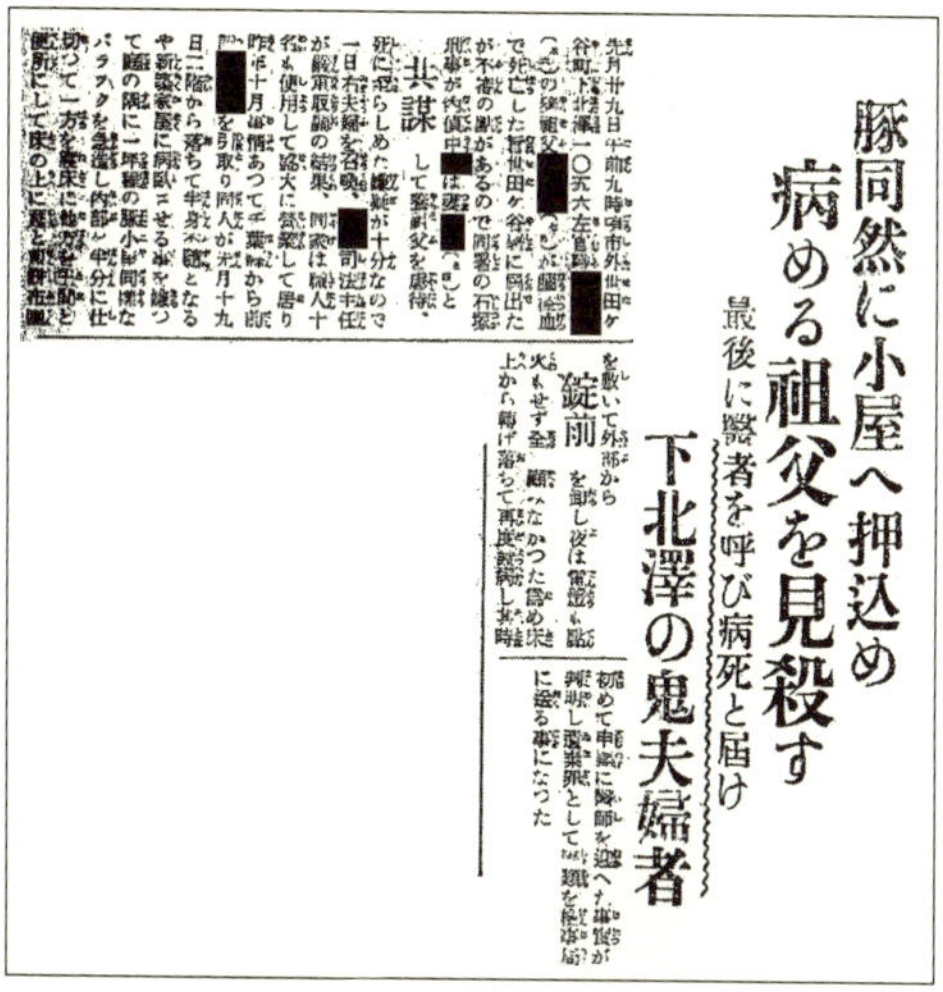
豚同然に小屋へ押込め
病める祖父を見殺す
最後に醫者を呼び病死と屆け
下北澤の鬼夫婦者

共謀

綻前

祖父に対する虐待事件を伝えた〈讀賣新聞〉昭和3年6月2日付

隅に一坪〔畳二枚分〕程の豚小屋同様なバラックを急造し、内部を半分に仕切って一方を寝床に他方を土間と便所にして、床の上に筵《むしろ》と煎餅布団《せんべいぶとん》を敷いて外部から錠前《じょうまえ》を卸し、夜は電灯も点火もせず全く顧みなかった為め、床上から転げ落ちて再度発病し、その時初めて申訳に医師を迎えた事実が判明し、遺棄罪《いきざい》として書類を検事局に送る事になった。〔讀賣新聞・一九二八年六月二日付〕

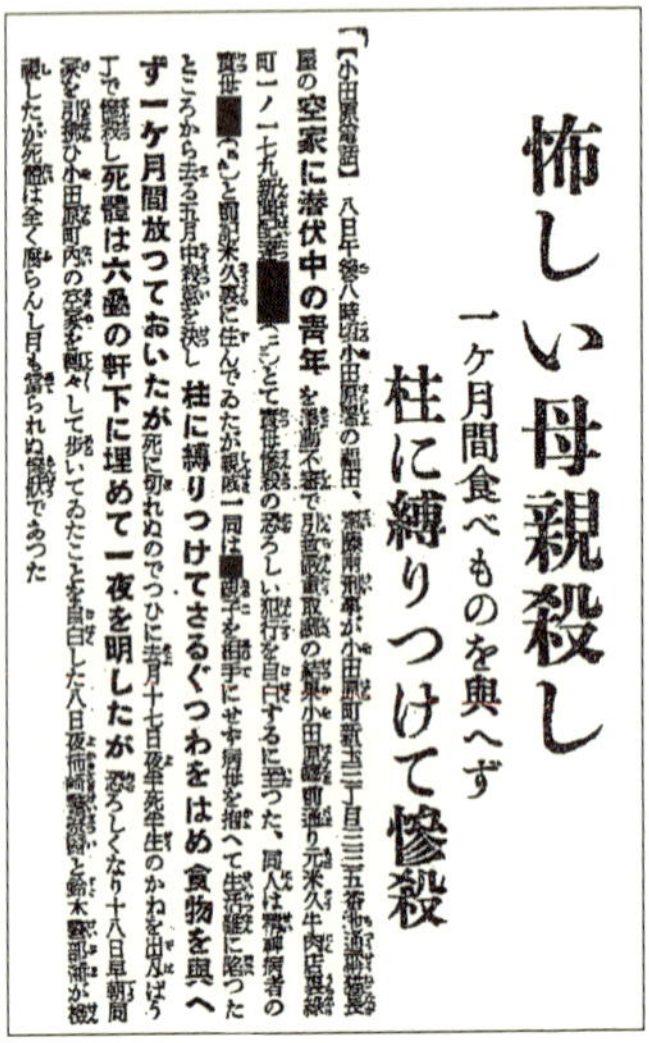

怖しい母親殺し

一ケ月間食べものを與へず

柱に縛りつけて惨殺

母親を殺害した事件を伝えた〈東京朝日新聞〉昭和５年７月９日付

二つめは、一九三〇（昭和五）年七月に、神奈川県小田原町で二三歳の男S〔人名はイニシャルに変更。以下同〕が実母を殺害したという事件です。

〔前略〕同人は精神病者の実母K（四九）と前記米久〔牛肉店の名称〕裏に住んでいたが、親戚一同はS親子を相手にせず、病母を抱えて生活難に陥ったところから去る五月中殺意を決し、柱に縛りつけてさるぐつわをはめ、食物を与えず一ヶ月間放っておいたが死に切れぬので、ついに去月十七日夜、半死半生のKを出刃ぼう丁で惨殺《ざんさつ》し、死体は六畳の軒下に埋めて一夜を明したが、恐ろしくなり十八日早朝同家を引払い小田原町内の空家を転々して歩いていたことを自白した。（東京朝日新聞・一九三〇年七月九日付）

そして三つめは、一九三七（昭和一二）年九月、東京で父親を餓死に追い込んだ三四歳の男が遺棄罪で起訴された事件です。

〔前略〕一昨年春から父親龍三さん（六六）が中風《ちゅうふう》〔脳卒中の後遺症による半身不随〕と糖尿病からドッと床《とこ》に臥《ふ》し重《おも》る一方なので治療費をかけるのも勿体《もったい》ないと、最近では医師にかけないばかりか七月十七日から二十八日まで遂《つい》に食事も与えず、みかねた実姉川村たけ（三六）山本みき（三八）さんらがコッソリ食べ物を運んだのを知って玄能《げんのう》〔ハンマー〕で姉達を脅したうえ、父親の枕元に短刀を突き刺し「早く死んで了《しま》え」とばかり言語に絶する乱暴を働き、これがために哀れな父親は一両日前息子を呪《のろ》いつつ死んで行った。（讀賣新聞・一九三七年九月一二日付）

当時の新聞では、直接的な暴力や遺棄など、さまざまな形での高齢者虐待の事例が報じられています。ここで紹介したのはその一部でしかありません。戦前の新聞は、事件をセンセーショナルに書きたてる傾向が強かったという点を差し引いても、信じられないような事件が多々起きていたことが分かります。また、前章の児童虐待の事例にも言えることですが、虐待の事実が明らかになるのは、虐待された人が亡くなったり、なんらかの形で警察に事件が通報された場合にかぎられています。公にされることなく、闇に葬《ほうむ》り去られた事例が多々あったことは容易に推測できるでしょう。

今日でも、高齢者に対する虐待は後を絶ちません。厚生労働省の統計によると、二〇一一（平成二三）年度の調査では、「養護者」つまり家族らによって虐待されていると判断された件数は一万六六五九九件、同じく相談・通報件数は二万五六三六件となっています。また、「養介護施設従業者等」によって虐待されていると判断された件数は一五一件、同相談・通報件数は六八七件という数字が公表されています。

ただし、調査結果に表れるケースは氷山の一角にすぎないとの見方が一般的で、実数は相当数に上ると推測されています。

二〇〇六（平成一八）年に「高齢者虐待の防止、高齢者の養護者に対する支援等に関する法律」（高齢者虐待防止法）が施行され、虐待防止に向けた本格的な取り組みがはじまりました。しかし、高齢者の虐待は児童虐待に比べて報道されるケースが少ないことからも分かるように、社会の関心はまだ高いとは言えません。戦前の何倍もの高齢者が生きる平成の日本で、高齢者虐待の問題が今後さらに大きな課題となっていくことはまちがいないでしょう。

実際に行われた姨捨《おばすて》

東北地方の日本海岸をあるいてみると、ところどころにオジ捨森またはオバ捨森というのがのこっている。男鹿半島戸賀のオジ捨森のごときは集落の東の丘陵にあって、住家《じゅうか》から何ほどの距離もない。そこへ天保七、八年（一八三六、七）の飢饉《ききん》のとき、ただ食うだけで働きのない老人をこの森へ捨てにいったという。捨てられた者は、いくら里が近くても、はい出してそこまで帰る者もなかったというが、こうして棄老説話《きろうせつわ》はけっして空想の所産《しょさん》ではなく、現実にも存在していたのであった。（宮本常一他『日本残酷物語1』三三一ページ）

「姨捨」、すなわち働けなくなった高齢者を遺棄《いき》する風習は、各地に民話や伝承として残っています。日本には古来、高齢者を敬う気風《きふう》があった一方で、貧しい地域などでは、老いて働けなくなった高齢者を排除する習慣があったとも言われています。

姨捨の伝承は、長野県の姨捨山の話がよく知られており、平安時代にまとめられた『大和物語』(1)にも書かれています。物語として、一般によく知られている話の一つは次のような内容です。

（1）一〇世紀中頃に書かれた一七〇余段からなる歌物語。作者不詳。

——ある若者が、年老いた母親をやむなく姨捨山へ連れていきます。その道中、背負われていた母親が道端の木の枝を折って落としていきます。母親を置いて帰ろうとする若者に母親は、折った枝をたよりに帰るよう告げ、これに心を打たれた息子が再び母親を背負って帰った——。

こうした美談が語り継がれる一方で、老いた親を置き去りにしたり捨てたりする話も残っています。ただ、実際に姨捨が行われていたかについては議論のあるところです。伝承の真偽はともかく、大正から昭和にかけての戦前期、まさに「姨捨」と言える事件が現実に起きていました。

一九三三（昭和八）年一一月、神奈川県逗子町（現・逗子市）で二〇代の息子が肺結核を患う母親（五〇歳）を路上に棄てるという事件がありました。同年一一月二九日付の〈讀賣新聞〉によると、息子は母親の薬代がかさむことに困り、母親に対して虐待を続けたうえ、路上に棄てることを決意したのです。実際、ホームレスの男を雇って山下海岸公園に遺棄しました。母親は警察官に発見され、行旅病人《こうりょびょうにん》〔住所などが分からない行き倒れの病人〕として救護所に収容されたものの数日後に死亡します。遺骨はホームレスの男が「自分の知人だ」と言ってもらい受け、息子の家に持参しました。以後、ホームレスの男が日々家を訪れて口止め料を要求し、それを受け取っていたことも判明しました。もちろん、事件にかかわった男らは警察に検挙されています。

その翌年にも、息子夫婦が親を置き去りにするという事件が起きています。一九三四（昭和九）年五月、東京・蒲田署へ大きな風呂敷包みを持った女性（七八歳）が訪れました。同年五月二四日付の〈讀賣新聞〉によると、この女性は、自分を置き去りにした息子夫婦を訪ねようと、旅費を求めて警察へ来たとのことです。

　その前月の中頃、愛知県で同居していた息子夫婦が目ぼしい家財をまとめて突然夜逃げをしてしまいます。置き去りにされて途方にくれた女性は、それ以後、近所からのもらい物などでなんとか食いつないでいました。そんななか、息子夫婦が千葉県にいるとの噂を聞き、女性は村役場でもらった金を持って東に向けて出発します。歩いたりトラックに乗せてもらったりしながら、なんとか東京までたどり着くことができましたが、それ以上歩けなくなって警察に保護を求めたということです。

　さらにその翌年にも、東京で老親が置き去りにされる事件が起きています。一九三五（昭和一〇）年九月、東京・南千住署に目の不自由な男性（七九歳）がやって来て、「娘に棄《す》てられてしまいました」と訴えました。同年九月一日付の〈讀賣新聞〉によると、男性は妻を亡くしたあと、目が不自由になったために娘夫婦宅で生活していました。娘の夫は失業中で生活に困窮していたため、足手まといになった義父に「新しい家に引っ越すから」と言って連れ出し、旅館に置き去りにしたということです。

　先の三例ではいずれも息子や娘に捨てられ、警察に保護されています。一例目の人は亡くなりましたが、あとの二例は行政から便宜を図られています。家族の保護を受けられなくなった人が行政の保護を受けるのはごく当たり前の流れと言えるでしょう。しかし、保護を受けられるはずの行政の担当者から捨てられてしまうという事件も起きています。一九三六（昭和一一）年八月、東京で起きた出来事です。

二十六日午後三時頃、葛飾区金町六丁目先の竹薮《たけやぶ》内に座布団に坐《すわ》った七十歳位襦袢《じゅばん》一枚の老婆が「役場の人に捨てられました」と泣き叫んで居《お》り、胸に「此《こ》の者は養老院行を希望する者也」と書いた紙片をぶら下げているので、通行人が金町交番へ届け出た。葛飾署で調べるとこの婆さんは去る四月五日、千葉県東葛飾郡高木村〔現・松戸市〕の村はずれに行き倒れていたのを役場で保護し、掘立《ほったて》小屋を建て一日二十五銭の食費を支給して付近の農家に面倒を見させていたものだが、打続《うちつづ》く村の疲弊に食費を支給しきれなくなり、村役場吏員《りいん》〔職員〕等合議の上、二十六日午後二時頃養老院へ世話してやるからと婆さんをなだめて運び出し、東京市内へ入って前記金町の竹薮へ捨て去ったものと判明〔以下略〕（東京朝日新聞・一九三六年八月二七日付）

捨てられた女性は六七歳で、家族全員を肺結核で亡くし、長期にわたって養老院で暮らしていました。のちに知人に引き取られたのですが、そこで虐待を受けたため親戚を頼って高木村へやって来ました。そして、役場職員の「面倒くさいから」という理由で遺棄されるに至ったということです（讀賣新聞・一九三六年八月二八日付）。

当時は、現在の生活保護法に相当する救護法（一九二九年制定）というものがありました。これは、六五歳以上の高齢者をはじめ、一三歳以下の子ども、妊産婦、障害者などが対象とされ、貧困で生活が困難な場合に保護することを定めたものです。この保護を行うのは基本的に居住地の市町村長で、居住地がない者については現在地の市町村長とされていました。したがって、右記のケースで保護する義務があるのは高木村の村長ということになります。その費用も、村が全額負担することになります。

戦前の自治体は財政基盤が脆弱《ぜいじゃく》で、福祉に割くことができる予算はかぎられていました。財政難であるがために養老院を頼らざるを得なかったという事情はまだ理解できますが、途中で保護を放棄するという愚行については弁護の余地がありません。

結局、この事件では、村長、助役ら五人が警察の取り調べを受け、実際に自動車で東京まで連れていった三人が遺棄罪で書類送検されています。捨てられた女性は、その後、養老院へ送り届けられました。

高齢者に冷たい風潮

……時代の反映というか、この頃扶養問題が実際多くなり、息子が面倒を見てくれないと泣き込んでくる親が沢山《たくさん》ある。一体老人の多くは自分と子供とは時代が違い、教育が違うのを認識せず、昔気質《むかしかたぎ》で我侭《わがまま》をいう傾向ですが、何しろ大学を出てうまく就職しても、四十円そこそこの俸給《ほうきゅう》で自分の生活がやっとのこと。なかなか親の面倒まで見られぬという、いまの若い者には寧《むし》ろ同情せずにはおられません。全く若い者は可哀想《かわいそう》ですよ。親はもう少し若い者の生活を知ってやる必要がある。（東京朝日新聞・一九三五年五月一六日付）

これは警視庁の人事相談所に持ち込まれる事案に関して、担当者が印象を述べたものです。当時は、男女関係、家族の家出とともに、高齢者の扶養に関する相談が増えていました。平均寿命が五〇歳にも満たなかった時代、高齢者はまだ社会の少数派だったのです。一九三五（昭和一〇）年時点で六五歳以上の高齢者は約三二二万人。二〇一〇（平成二二）年の二九二九万人と比較すると、その差は約九倍となります。総人口が現在の五割から六割程度であった点を考慮しても、人口に占める割合には大きな開きがあります。(2)

当時から高齢者人口は年々増加傾向にあったとはいえ、その処遇に関しては広く社会で共有される議題とはなっていませんでした。戦前の民法では、扶養義務者は扶養権利者を引き取るか、もしくは生活費を支給するように定められています。まだ高齢者を対象とした年金制度はなく、扶養義務者となった家族の負担は大きかったようです。こうした家族の経済的な問題、さらに高齢者が「我侭《わがまま》をいう」という問題があったとはいえ、警視庁の担当者のコメントには厳しい印象を拭《ぬぐ》えません。

前近代社会において、高齢者は長年の人生で培《つちか》った知恵と知識をもつ者として、尊敬の対象とされる機会が多くありました。しかし、近代化とともにそうした知恵・知識に対する評価は下落し、高齢者は社会の周縁へと追いやられていきます。大正、昭和初期の時点で、すでにそうした風潮が強くなっていたのです。

次の話は、当時の代表的な養老院の一つである「浴風園《よくふうえん》」（東京・一九二五年設立）の担当者が、一九三六（昭和一一）年に新聞の取材に対して語ったものです。

老人でありながら、少し身体の自由が利《き》くようになると再び世の風に当り、何か一と仕事してみたいとの雀百までの気持をいつまでも忘れないで困らせます。今日では若い青年でも食〔ママ〕を得ることがいかに困難であるかを説きかかせても、無断で折角《せっかく》入ったここを飛び出し、勿論《もちろん》世間では食えず結果はまた他の養老院に入ってゆくという哀れさを繰返すものが少《すくな》くありませ

（2）一九三五（昭和一〇）年時点で、〇歳の平均余命（＝平均寿命）は四六・九二年だが、二〇歳の平均余命は男女ともに四〇年を超えている（男：四〇・四一、女：四三・二二）。余命にこれだけ大きな差が生じている背景には、当時の乳児死亡率の異常な高さがある（一四三〜一四四ページ参照）。ちなみに、二〇一二（平成二四）年の同年齢間における余命の差は、男女ともに一年に満たない。当時の平均寿命を見る際には、この点にも留意しておく必要がある。〔数値はいずれも厚生労働省統計より〕

讀賣新聞　（水曜日）　第二萬一千二百十二號　（九）

何を考へて暮す？　養老院の人々

零落を愧ぢる—

哀れな見榮と　身内への反抗

身は老い心は疲れ果てゝゐても

まだ絶ち切れぬ！　現世への執着

人生五〇の齢を一と昔も前に過して、不幸生活力もなく、寄る辺もない老いの身を温い公共の手に救はれて養老院に餘生を樂しみつゝある老いたる人々は、日常どんなことを考へ暮してゐるのでせうか、またいかなる信仰の中に來世を迎へんとしてゐるのでせうか、以下は現在男女四七〇名の老廃者を收容し、わが國の代表的養老院である「浴風園」三宅氏のお話です。

案外薄い信仰心

こゝにゐる老人はすべて滿六十歳以上で平均年齢七十三歳、多く明治以前の生れです。從つて封建的家長制の厳しい時代に生れた彼等には、その時代的影響による何らかの確たる信念乃至信仰を持つてゐるであらうと期待されたのですが、嘗て行はれたこゝでの調査では見事に裏切られた結果が現れてゐます。即ち一般に老齢と共に何らかの信仰の度の増すのが普通なのに反し、彼等は信仰に對して極めて冷淡で、この世における信仰や來世に對する信仰など殆ど認められないかのやうです。

利己的な多神教

信仰といふものを若し持合せてゐるとしてもそれは元始的多神教とでも呼ばるべきもので、或る時には南無妙法蓮華經を唱へ或る時には大師様やお地藏様に願ひをかけるといふ風に、それはたゞ己が病苦を消さんがための極めて利己的なものに過ぎないと思はれます、たゞ併し自分が育つた家庭の祖先傳來の宗旨への關係は相當に強いものがあります。

依怙地な反抗心

こゝに家族なく身寄も少い人々も多くは嘗て中流の生活をしたものが大部分で、入園資格として身寄のないものといつても大抵は探せば相當の生活をしてゐる縁者や知人をもつてゐます、それなのに何故それらの人の家に頼らうとしないのかそれは自分の惨めな後半生を身内や知己に知らせたくないといふ哀れな見榮と共に、厄介視され、厭にきせて賴つてまでそんな血筋のものに賴らんでも、見ず知らずの他人がかうして世話をして下さるんだ—といふ依怙地な反抗心にもよるものです。この點一般の家庭でも、老いたる人々に對しては餘程どの心やりが必要とされると思はれます。

現世への執着心

また老人でありながら、少し身體の自由が利くやうになると再び世の風に當り、何か一と仕事してみたいとの雀百までの氣持をいつまでも忘れないで困らせます、今日では若い青年でも食を得ることがいかに困難であるかを説ききかせても無斷で折角入つたこゝを飛び出し勿論世間では食へず結果は又他の養老院に入つてゆくといふ哀れさを繰返すものが少くありません、結局人間といふものは、どんな境遇にあつても、現世的執着から離れることが出來ないのではないかを痛感させます。【寫眞は園内で老人達の集り】

養老院の担当者の話を紹介した〈讀賣新聞〉
昭和11年２月26日付

ん。結局人間というものは、どんな境遇にあっても、現世的執着から離れることが出来ないのではないかを痛感させます。（讀賣新聞・一九三六年二月二六日付）

施設で高齢者の世話をする立場としていろいろ苦労があるとはいえ、これも高齢者に対する厳しいコメントです。なお、この記事の見出しは「零落《れいらく》を愧《は》じる――哀れな見栄と身内への反抗身は老い心は疲れ果てていても　まだ絶ち切れぬ！　現世への執着」となっています。年をとって落ちぶれた人間はおとなしく死が訪れるのを待て、と言わんばかりの書き方です。

養老院とは、先に記した救護法に基づいて設置された施設です。もとは地域の篤志家《とくしか》らによって造られたもので、法の制定後公費が支給されるようになります。一九三三（昭和八）年の時点で全国に八五施設、八県（奈良、福島、山形、青森、鳥取、山口、宮崎、沖縄）を除く各地に設置されていました（井村圭壯『日本の養老院史』ⅰページ）。

養老院は、救護法では「救護施設」と位置づけられ、孤児院と併記されています。つまり、今日の老人ホームと違い、基本的に身寄りのない高齢者を保護するための施設として造られたものなのです。高齢者に快適な老後を過ごしてもらうことを目的にしたものではなく、扶養義務者のいない高齢者を仕方なく世話するという意味合いの強いものでした。したがって、設備も待遇も決してよいものではありませんでした。

実際、当時自ら好んで養老院へ入ろうとする人はいませんでした。一九三五（昭和一〇）年九月の〈讀賣新聞〉に、ある養老院の様子を紹介する記事が連載されています。そこでは、養老院に入った高齢者が次のように描かれています。

まず第一に眼にとまるのは入院に際して、ここに来る老男老女の誰もが非常にいやがることとである。食うものも着るものも、その他一切の生活能力を失って、他の何等《なんら》かの力に縋《すが》らねばならなくなっていながらなお、自分の真価をそのままに取り扱われるのが、癪《しゃく》なためだ。つまり自分のプライドをきずつけられるのがいやなためである。

そんなわけで、当初は非常に困るのである。だから、なるべくそんな感じを起させないように、自尊心を傷つけないようにせなければならぬのだが、それが却々《なかなか》むずかしい。がそれと云《い》うのも、ここに来るほどの人々は何《いず》れもみな散々に虐《しいた》げられ、あるいは自我のとりことなり、あるいは人生に反抗し―その他何等かの意味でそれぞれ人生に躓《つまず》いた人々であるからである。（讀賣新聞・一九三五年九月一九日付）

「養老院は喧嘩人《けんかびと》の集合所だ」と云うことは全く一応うなづけることとだ。それにここに這入《はい》った当初は何れの老人たちも非常に猜疑心《さいぎじん》が強い。これは今までの生活が余りに荒れすさんで居《お》り、虐げられてきたためであろうが、何しろ、こちらが親切に温情的に扱えば扱うだけ疑念を抱き、中には極度の恐怖心をすら以《も》って警戒するのだからたまらないのである。（前掲紙・九月二〇日付）

当時は、本人はもちろん家族や親族にとっても、老いた親を養老院へ入れることは恥と考える風潮がありました。それでも養老院で暮らさねばならなかった高齢者たちは、それぞれがどうすることもできない厳しい事情を抱えていたのです。

一九二七（昭和二）年二月一二日には、大阪養老院で入居者が院に恨みを抱いて放火し、収容者三名が亡くなるという痛ましい事件が起きています。翌日付の〈東京朝日新聞〉は、犯行に及んだ男性入居者について次のように伝えています。

〔前略〕院の取扱方《とりあつかいかた》が冷酷で、最初二百円の金を持って入ったが、金がなくなってからは死ねがよしにされ、他のものもいづれも地獄の中に飛込《とびこ》んで来たようだとあきらめて居るのを憤慨《ふんがい》し、本堂の縁の下に積んであったしばに揮発油《きはつゆ》をかけて恨みの放火をなし、自分はりゅう酸を約五合飲み、出刃ぼう丁で割腹自殺をはかり生命危篤である。（東京朝日新聞・一九二七年二月一三日付）

いかなる事情があろうと、放火を正当化することはできません。しかし、結果として男性を放火という行動に至らしめた事情については、記事を読むかぎり同情の余地があると言えます。

また、養老院の運営者が、施設を利用して暴利を貪《むさぼ》っていたという事例もあります。一九二五（大正一四）年一〇月、東京養老院で院長らが詐欺、横領等の罪で摘発されました。院長らは、東京府から配給品として受け取った米、養老院の増築用に寄付された材木、市民から寄付された衣類・物品などを、横領または販売して不当に利益を得ていました。その一方で院内の人員・設備は貧弱な状態のまま放置され、多くの入院者が十分な保護を受けられず亡くなっていたとされています（讀賣新聞・一九二五年一〇月一七日付）。

今日も、生活保護受給者を食い物にした事業者が摘発されるケースがありますが、弱者を利用して私服を肥やす人間は、時代を問わず存在するようです。

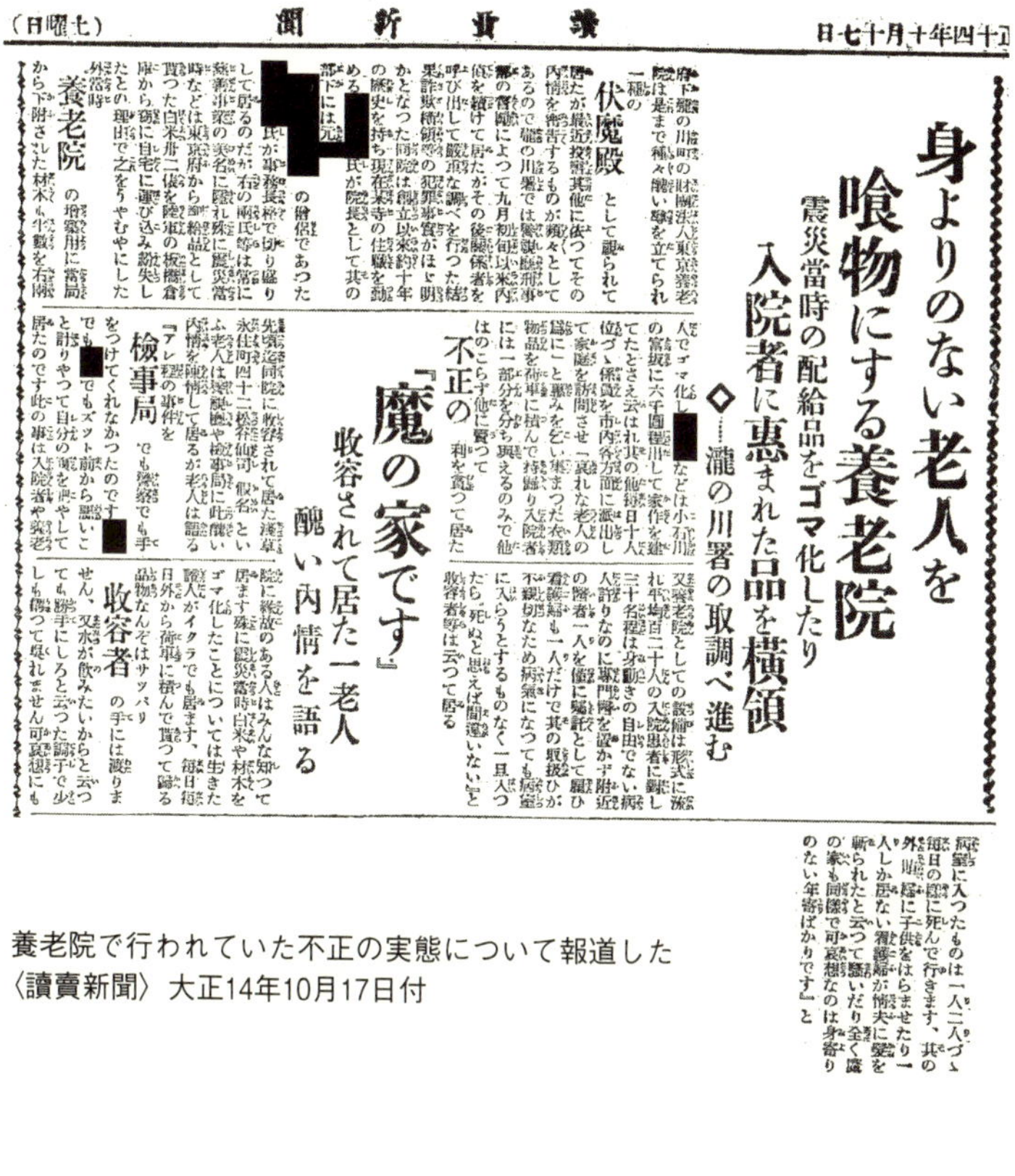
（大正）十四年十月十七日　讀賣新聞　（土曜日）

身よりのない老人を喰物にする養老院

震災當時の配給品をゴマ化したり入院者に惠まれた品を横領

◇…瀧の川署の取調べ進む

府下瀧の川町の財團法人東京養老院は是まで種々饑い噂を立てられ一種の伏魔殿として視られて居たが最近投書其他に依つてその內情を密告するものが續々としてあるので瀧の川署では警視廳刑事部の督勵によつて九月初旬以來內偵を續けて居たがその後關係者を呼び出して嚴重な調べを行つた結果詐欺横領等の犯罪事實がほゞ明かとなつた同院は創立以來約十年の歴史を持ち現在某寺の住職を勤める[redacted]氏が院長として其の部下には元[redacted]の僧侶であつた[redacted]氏が事務長格で切り盛りして居るのだが右の兩氏等は常に慈善事業の美名に隱れ殊に震災當時などは東京府から配給品として貰つた白米卅二俵を陸軍の糧秣倉庫から窃に自宅に運び込み紛失したとの理由で之をうやむやにした外當時養老院の將來用に當局から下附された材木も半數を有耶

人でゴマ化し[redacted]などは小石川の富坂に六千圓程出して家作を建てたとさえ云はれ其の他毎日十人位づゝ係員を市內各方面に派出して家庭を訪問させ「哀れな老人の爲に」と憐みをこい集まつた衣類物品を荷車に積んで持歸り入院者には一部分を分ち與えるのみで他はのこらず他に賣つて利を貪つて居た

又養老院としての設備は形式に流れ平均百二十人の入院患者に對し三十名程は身動きの自由でない病人許りなのに專門醫を置かず附近の醫者一人を僅に囑託として雇ひ看護婦も一人だけで其の取扱ひが不親切なため病氣になつても病室に入らうとするものなく一旦入つたら死ぬと思えば間違いないと收容者等は云つて居る

不正の『魔の家です』

收容されて居た一老人醜い内情を語る

先頃迄同院に收容されて居た淺草永住町四十二松谷仙司（假名）といふ老人は警視廳や檢事局に此醜い內情を陳情して居るが老人は語る『アレ程の事件を檢事局でも警察でも手をつけてくれなかつたのです[redacted]でも[redacted]でもズット前から悪いことを計りやつて自分の懐を肥やして居たのです此の事は入院者や養老院に縁故のある人はみんな知つて居ます殊に震災當時白米や材木をゴマ化したことについては生きた證人がイクラでも居ます、毎日毎日外から荷車に積んで貰つて歸る品物なんぞはサッパリ收容者の手には渡りません、又水が飲みたいからと云つても勝手にしろと云つた調子で少しも構つて呉れません可哀想にも病室に入つたものは一人二人づゝ毎日の樣に死んで行きます、其の外助手婦に子供をはらませたり一人しか居ない看護婦が情夫に髪を斬られたと云つて騒いだり全く魔の家も同樣で可哀想なのは身寄りのない年寄ばかりです』と

養老院で行われていた不正の実態について報道した〈讀賣新聞〉大正14年10月17日付

多かった高齢者の自殺

我国自殺の特徴として、高齢者の自殺の夥《おびただ》しい高率という事実がある。六十歳以上の老人の自殺率は我国が何処《どこ》の国よりも高い。「敬老」の国に於《お》て老人自殺の率の高いのは確かに矛盾だが、我国の「隠居《いんきょ》」の制は元来、老人が自から実務を壮者《そうしゃ》〔働き盛りの人〕に譲って社会的活動力を常に旺盛《おうせい》ならしめる習慣であって、その意味で我国の老人は社会的道徳性に於て極めて敏感なのである。従って老齢のために家族の累〔足手まとい〕となることに対しても決して鈍感ではない。（讀賣新聞・一九三四年一一月二九日付）

上記は、ジャーナリストの長谷川如是閑《はせがわにょぜかん》（一八七五〜一九六九）の論評です。当時、高齢者の自殺が多かった原因について、続けて次のように述べています。

然《しか》るに、家族形態の進化のために、多くの家族は余力に乏しくなって、老齢者の扶養が次第に困難となりつつある。しかも西洋のように、社会的に老人を扶養する制度はいまだ十分発達していない。これが自ら我国の老人自殺を高率ならしめるのである。

老人の道徳性は尊重すべきだがしかし敬老の国に於て、老人をしてかかる道徳的自決を敢《あえ》てせしめるのは誠に悲しむべき事実である。我国は、いかなる犠牲を払っても、老人自殺の一高率を低めて、敬老国の実を示す責任がある。

長谷川は、家族による高齢者の扶養が困難になっていることと、高齢者を扶養する社会保障制度が未発達であることによって、社会的道徳性に敏感な高齢者たちが自殺に追いやられていると訴えています。高齢者を社会が支えていく制度づくりに関しては、当時すでに議論されていましたが、年金など社会保障制度が整うまでには戦後を待たねばなりません。

高齢者の生活を支えるシステムが整わないなか、家族による扶養を受けられず、先行きを悲観した高齢者が自殺・心中を図るという出来事は後を絶ちませんでした。一九三三（昭和八）年八月、東京で六九歳の女性が娘宅の軒下で首を吊《つ》って死んでいるのが発見されました。八月一八日付の〈讀賣新聞〉は次のように伝えています。

> 〔前略〕さわ〔亡くなった女性の名〕にはひでと同町一七電話局事務員森下熊太郎（三五）の妻いと（二九）の二人の娘があるが、最近双方とも老母を嫌って寄せ付けぬため、ここ数ケ月は公園のベンチその他に野宿して遂に食物もとれない有様であった。二三日前もいとのもとに一夜の宿を乞《こ》うと拒《こと》わられその足で姉娘ひでの許《もと》を訪れたがここでもすげなく追っ払われたので憤慨し、恨みの娘の軒下に面当《つらあ》ての自殺を遂げたものと判明。（讀賣新聞・一九三三年八月一八日付）

同じく一九三三（昭和八）年、一〇月五日に京都市内で高齢の男女二人の遺体が発見されました。翌日付の〈新愛知〉によると、二人は京都市内に住む六〇代の夫婦で、夫が腰紐で妻を絞殺したあと、自らも首を吊ったことが警察の調べで判明したとのことです。二人は米穀商を営んでいましたが三年前に破綻し、持ち家も人手にわたってしまったため四国遍路《へんろ》に出ました。その後、同市内に住む息子の家に身を寄せようとしたものの、「お前なんかに喰《く》わす米がない。出て行け」と言われて追い出されたため、心中するに至ったようです。

厚生労働省（旧・厚生省）の統計によると、たとえば一九四〇（昭和一五）年に自殺で亡くなった六五歳以上の高齢者は二〇五四人となっています。それから六〇年を経た二〇〇〇（平成一二）年の統計を見ると、七五五〇人です。件数では今日のほうが多くなっていますが、一〇万人当たりの死亡率で見ると、一九四〇（昭和一五）年は五九・五、二〇〇〇（平成一二）年が三四・四となり、比率では一九四〇（昭和一五）年のほうが明らかに高かったことが分かります。六五歳以上の高齢者人口が二〇〇〇（平成一二）年の一六パーセント程度（一九四〇年：三四五万三九〇〇人、二〇〇〇年：二一九六万一四二一人）だった時代に、これだけの自殺者がいたことは注目に値します。

一九四〇（昭和一五）年の統計をさらに詳しく見ると、八〇から八四歳の自殺死亡率は八八・二パーセント、八五歳以上になると九四・一パーセントというきわめて高い数値になっています。長寿な人ほど自殺率が高いというのは、なんとも皮肉な現象です。

なお、全年齢層の自殺死亡率は、一九四〇（昭和一五）年が一三・七パーセント、二〇〇三

表　60歳以上の年齢（５歳階級）別自殺死亡数・死亡率（人口10万人対）の年次比較

年齢階級	大正９年 1920	昭和５年 1930	15年 1940	25年 1950	35年 1960	45年 1970	55年 1980	平成２年 1990	12年 2000
総数	10, 630 19. 0	13, 942 21. 6	9, 877 13. 7	16, 311 19. 6	20, 143 21. 6	15, 728 15. 3	20, 542 17. 7	20, 088 16. 4	30, 251 24. 1
60～64	1, 395	1, 732	733 32. 9	1, 150 49. 9	1, 151 39. 3	1, 074 28. 9	1, 099 24. 7	1, 651 24. 5	2, 967 38. 5
65～69	47. 0	58. 2	684 44. 0	1, 201 67. 8	1, 104 51. 1	1, 194 40. 2	1, 273 32. 2	1, 348 26. 5	2, 348 33. 1
70～74	989	1, 220	638 64. 1	1, 010 78. 8	948 60. 6	1, 111 52. 2	1, 350 44. 8	1, 325 34. 8	1, 788 30. 4
75～79	71. 7	82. 5	411 75. 2	672 98. 0	688 72. 1	846 66. 8	1, 187 58. 4	1, 373 45. 5	1, 295 31. 3
80～84	243	310	224 88. 2	297 107. 7	398 82. 4	474 73. 1	777 71. 2	1, 074 58. 6	1, 063 40. 7
85～	97. 1	94. 0	97 94. 1	134 140. 4	141 75. 0	284 96. 2	418 79. 1	772 68. 8	1, 056 47. 3
65～（再掲）	−	−	2, 054 59. 5	3, 314 80. 6	3, 279 61. 3	3, 909 53. 5	5, 005 47. 2	5, 892 39. 6	7, 550 34. 4

※上段が死亡数、下段が死亡率。　　（出所）厚生労働省「人口動態統計」

（平成一五）年が二四・一パーセントとなっています。この数値からも、当時の高齢者の自殺死亡率がいかに異常な数値であるかが分かります。

高齢者の死亡率は大正から昭和初期にかけて高い率を示し、一九五〇（昭和二五）年ごろをピークに、それ以後は減少傾向が見られます。自殺の動機・背景はさまざまですが、かつての日本が高齢者にとって決して住みやすい社会ではなかったことはこの統計からも容易に想像できるでしょう。

ところで、戦前の日本には家制度があり、「家」が社会の最小構成単位とされていました。高齢者の扶養も、家族によってなされることが当たり前とされていました。旧民法は、この点について次のように定めています。

「扶養義務者ハ其《その》選択ニ従ヒ扶養権利者ヲ引取リテ之ヲ養ヒ又ハ之ヲ引取ラスシテ生活ノ資料ヲ給付スルコトヲ要ス」（第九百六十一条）

当時は、老いた親を直接引き取るか、もしくは金銭を提供するかのいずれかの方法で扶養することが戸主の義務とされていました。しかし、長谷川如是閑が述べているように、「家族形態の進化」により、すでに多くの家族にとって高齢者を扶養する役割を果たすことは困難になりつつあったというのが実情です。

「家族形態の進化」とは、近代化にともなう人口の流動化、核家族化の進展などを指します。かって日本人の大半は農村部で暮らしていましたが、明治に入り近代化が進むにつれ、新興産業の担い手となるため農村部を離れる人が徐々に増えていきます。そのなかで、老いた親だけが家に残されるという状況も増えていきました。

制度上は家族に老親の扶養が義務づけられ、その一方で「家族形態の進化」によって扶養が困難なケースも増えていく。そうした矛盾の間で、先に挙げた虐待や「姨捨」、そして高齢者の自殺という悲劇が生み出されていったのです。

ちなみに、日本社会の核家族化は戦後の高度経済成長期に進展した現象と思われがちですが、実は戦前からすでにその兆候が現れていました。一九二〇（大正九）年に行われた国勢調査によると、当時の世帯構成のなかで割合がもっとも多かったのが「夫婦＋未婚の子」の世帯で、これは全体の約四〇パーセントに相当します。「夫婦のみ」の世帯を含めると、半数以上の世帯が核家族であったことが明らかになっています。一方、三世代同居の世帯は約二三パーセントを占めていたにすぎません。世帯人員では、「四人」が最多となっており、全体の半数近くが四人以下の小所帯でした（湯沢雍彦編『大正期の家庭生活』二六～三八ページ）。

もっとも、家を継ぐことができるのは兄弟のうち一人だけです。したがって、他の兄弟の独立にともない核家族が増加することは必然的な流れでもあります。子どもが多ければ多いほど、核家族の比率が高まるのは当然の帰結なのです。また、平均寿命が短かったため、三世代が揃う状況が今日に比べると生まれにくかったという背景もありました。

第6章

甘かったしつけと道徳教育

京都の小学校の授業風景〔明治後期〜大正〕
（石井行昌撮影写真・京都府立総合資料館寄託）

度が過ぎていた子どものイタズラ

親は子供たちに望むがままのことをさせがちであり、子供じみた運動や遊びをなんでも自由にさせる。行儀が悪いとしかられて当然の年齢に達しているある子供は、店のなかに売りものとして並べてある、小さなガラスの装飾品をつかむと、わざと一つずつこわしてゆき、地面に破片をまき散らすのを見たことがある。ところが親は子供かわいさのあまり笑いだし、しかるどころか、改めてその子をやさしく扱った。中産階級に属する家庭の光景は、すこしもたのしいものではなく、日本人の暮らしの欠点を補う特徴でもなんでもない。（スミス『日本における十週間』一一七ページ）

これは、幕末に日本を訪れたイギリス人宣教師、ジョージ・スミスが自身の著書に記したエピソードです。すでに記したように、スミスはやや偏った視点から日本人を見ていたと考えられます。スミスの目にした親子が、決して当時の日本人の典型というわけではありません。ただ、その点を差し引いたとしても、外国人の目に、日本人の大人が子どもに甘いと映っていたのは事実です。

同じころ日本に滞在していたアメリカ人、エドワード・S・モース（Edward S. Morse・一八三八〜一九二五）は、「いろいろな事柄の中で外国人の筆者達が一人残らず一致する事がある。

それは日本が子供達の天国だということである」（モース『日本その日その日1』三七ページ）と述べています。明治初期に来日したほかの外国人の著書にも、日本は子どもの「天国」という記述が見られます。

よく言えば、伸び伸びと育てられている。悪く言えば、甘やかされている。子どもに対して寛容であることには正負の二面性があります。外国人たちの記述でも、子どもに寛容な日本社会について賛否両論があります。認識の違いはともかく、子どもに寛容であることは、子どもの成長にとってプラスであったとしても、社会は往々にしてマイナスの影響を受けます。つまり、子どものイタズラが世にはびこるということです。たかが子どものイタズラではありますが、場合によっては社会に重大な損害をもたらすのです。

時代を問わず、子どもがイタズラをするのはごく普通のことです。現在の子どもも、あるいは戦前より昔の子どもも、この点は変わりません。たとえば、江戸時代には、落書きをする、行灯《あんどん》〔照明器具の一種〕の明かりを消す、犬をけしかけて犬同士ケンカをさせる、人が座った腰掛をひっくり返すといったイタズラが広く行われていました。

軽いイタズラであれば通常は見逃されるものの、度が過ぎる場合には当然注意や罰が与えられます。そこで大人が子どもに対して毅然《きぜん》とした態度をとらなければ、イタズラがエスカレートするのは当然の帰結です。その果てに、さまざまな社会問題が引き起こされていたというのが戦前の日本でした。

では、当時の子どもたちは具体的にどんなイタズラをしていたのでしょうか。その内容は、かつての法令からも一端をうかがうことができます。

明治初期、違式詿違条例《いしきかいいじょうれい》という現在の軽犯罪法にあたる法令が作成されました。これは、一八七二（明治五）年に東京府で公布されたのち、全国の各府県で条例としてそれぞれ制定・施行されたものです。条例により、混浴、入れ墨、外で裸になること、川へゴミを捨てることなどさまざまな行為が禁止されました。なかには、次のような禁止項目もあります。

往来筋《おうらいすじ》ノ号札《ばんごう》又ハ人家《じんか》番号名札看板等ヲ戯《たわむれ》ニ破毀《こわし》スル者〔通りに設置された番地などを示す札をふざけて壊す者〕

往来常燈《じょうとう》ヲ戯ニ消滅《けし》スル者〔通りのランプをふざけて消す者〕

疎忽《そそう》ニ依《よ》リ人ニ汚穢物《けがれもの》及ビ石礫《いしつぶて》ヲ抛棄《なげつけ》セシ者〔むやみに汚物や石を投げる者〕

犬ヲ闘《たたかわせ》シメ及ビ戯ニ人に嗾《かみつか》スル者〔犬をけしかけて闘わせたり、ふざけて人を噛ませたりする者〕

巨大ノ紙鳶《たこ》ヲ揚ゲ妨害《さまたげ》ヲ為ス者〔巨大な凧を揚げて妨害行為をする者〕

遊園《あそびば》及ビ路傍《みちばた》ノ花木《はなやき》ヲ折リ或ハ植物《うえもの》ヲ害スル者〔公園や街路の花木を折ったり植物を傷める者〕

（竹内寿安『人民心得違式詿違条例』一〇～一三ページ）

ここで挙げたのは、主に子どものイタズラを想定した項目です。それまで寛容に扱われていたイタズラに対して、法律による取り締まりが行われるようになったわけです。これだけ具体的な法令という形で定められたということは、裏を返せばこうした行為が頻繁に行われていたということでもあります。

ただ、法律が施行されたからといって子どものイタズラが少なくなったわけではありません。子どもに甘い大人の姿勢が変わらなければ、子どもに善悪の判断力は身につかないのです。幕末・明治初頭に外国人が目撃した日本の大人たちの姿勢は、それ以後もあまり変わりませんでした。

明治末期の〈讀賣新聞〉に、子どものイタズラが社会問題化している様子が記されています。

地方に旅行したる時、神社仏閣の建物を汚損し樹木を折りなどして、境内を荒廃せしむるものは、風雨の害と相並んで子供の悪戯《いたずら》の与《あずか》って大《おおい》に力あることを耳にしたることあり。またある村落停車場に於《おい》て一二等待合室が殆《ほと》んど子供の遊び場に占用せられて、備付《そなえつけ》の器具の傷つけらるるに任せ、鉛筆あるいは白墨《はくぼく》の楽書《らくがき》は壁間《へきかん》に縦横の痕《あと》を存して、駅員も殆んど取締の途無きを嘆《たん》じ居たることあり。

これを東京に於《お》いて見るも、道路を遊び場となして通行の車馬及び徒歩者に妨害を与え、縄屑紙片《なわくずかみきれ》などを取り散らして市街を不潔にし、あるいは路傍《ろぼう》の樹木を痛め、木橋《もっきょう》の欄干《らんかん》をナイフにて削る等種々の悪戯が子供の手によりて行はるること頗《すこぶ》る多く、公園の花卉《かき》を折り取るものもまた多くは子供にして、東京市が子供の悪戯の為めに受けつつある損害を計算すれば却々《なかなか》の高に上るべしとの事なり。現に我社の横手に設けたる共同便所の手洗鉢《てあらいばち》に水道を利用したるものなど、子供の為め戯《たわむ》れに水栓を捻《ひね》られて、そのままに棄て置かるるより小噴水の形をなして少なからざる水量を無益に迸出《ほうしゅつ》せしむること一日に幾回なるを知らず。かくの如き公共的の設備を濫用《らんよう》し汚損して顧みざるは公徳心に乏しき我が同胞の弊風《へいふう》にして、強ち《あながち》子供のみを叱責する能《あた》わざれども、子供の悪戯のまた決して軽々に看過《かんか》すべからざること知るを得ん。（讀賣新聞・一九一〇年七月三日付）

今日でも見られるようなイタズラの数々——神社仏閣、停車場、道路、公園、公衆便所など、あらゆる場所が子どもらによって汚損されていたということです。とくに公共物への落書きは、当時さまざまな場所で見られました。

猥《みだ》りに人の家もしくは壁に鉛筆または筆等を以《もっ》て落書《らくがき》するは、これ他人もしくは公共の物件を傷《きず》くるものにて、公徳の最も欠乏せる結果なり。街頭は言うに及ばず、官庁や博物館等の圊厠《かわや》〔トイレ〕にまで、上官の非行、同僚の悪口ないし猥褻《わいせつ》にして士君子《しくんし》〔道徳を心得ている人〕の見るに忍びざる戯画《ぎが》等を列記せる狼藉《ろうぜき》〔乱暴な行い〕の状《さま》は見るに恥《はずか》しき次第なり。試みに今諸学校の構内に在る厠《かわや》〔「圊厠」に同じ〕に入《い》りて見よ。その四方の壁を汚《けが》されたる落書の醜態《しゅうたい》は実に目もあてられぬ程なり。清きが上にも清くすべき場所がかくの次第にては、嘔吐《おうと》を催すの外《ほか》無《な》し。この事実の裏面《りめん》には、我国の教《おしえ》の庭に遊ぶ青年輩《はい》が如何に感念の淫扉《いんぴ》〔みだらなこと〕にして慣習の堕落せるかを察するに足るものあり。今多年米国に遊んで帰朝したる某紳士の話を聞くに、米国などにては落書は薬にしたくも無しといえり。
（讀賣新聞社編『公徳養成之実例』二一～二二ページ）

トイレの壁に落書きをするイタズラは、昔も今も絶えることがありません。ただ、今日の公共施設のトイレは水洗式が当たり前で衛生的です。同時に、清掃・管理の行き届いたところが多く、仮にそうした落書きがなされてもすぐに消されてしまうようです。トイレにかぎらず、今日では公共施設・公共物に対する管理が強化されており、監視カメラや防犯装置も過剰なまでに設置されています。そうした意味でも、昔はイタズラのしやすい環境であったと言えます。子どもにとってはまさに「楽園」だったのかもしれません。

種々のイタズラのなかでも、落書き程度であればまだ許容できる範疇《はんちゅう》に入りますが、度が過ぎると大きな損害をもたらします。

東京の往来にては通行に便利ならしめんが為所々《しょしょ》に燈火台《とうかだい》の設けあるが、中にその硝子《がらす》の外辺《がいへん》には厳重なる金網を以て被《おお》われたるものあるを見るべし。何が為に然《しか》るやと問えば、悪《あく》童等《どうら》が小石を投げ付け破壊を試むる者あるが故にこれを予防せんが為なりとぞ。設《たと》え是非弁別なき小児《しょうに》にせよ、東京市の往来にて公共の便益の為めに備えある燈火に対してかくの如き悪戯を試むるものあるとは、疑《うたがい》もなく日本人に公徳なきもの多きを証明するものにして、嘆《たん》

ずべき次第なり。（前掲書、二二六〜二二七ページ）

街頭にある灯火台を壊すイタズラは江戸時代にも見られました。時代が進み、明治に入るとガラス製のランプが使われるようになりましたが、当時、ガラスはかなり高価なものでした。これに石を投げつけて壊す子どもが多く見られたことから、それを防ぐために金網で覆ったということです。

子どもの投石は、単にモノを壊すことだけにとどまりませんでした。こうした行為は、場合によっては人に危害を及ぼすことにつながります。当時は、列車への投石も大きな問題になっていました。

一九二七（昭和二）年一二月一三日付の〈新愛知〉は、「近頃列車に投石するものが増加して往々、乗客に負傷せしめることがあって鉄道当局は何《いず》れも子供〔な〕ので悪戯その防止には手の付け様がなく、学校当局や父兄の注意を喚起する他ないので閉口している」と伝えています。怪我人が出てしまっては、もはやイタズラではすまされません。ここまで子どものイタズラが

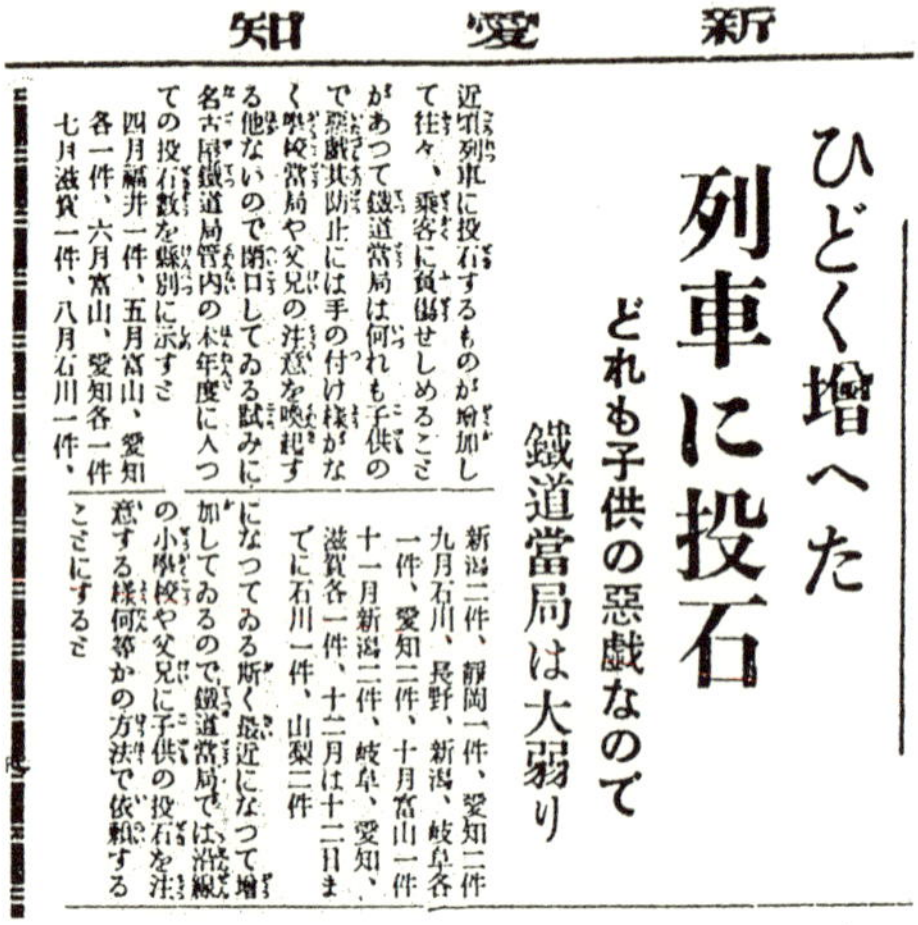
新愛知

ひどく増へた
列車に投石
どれも子供の悪戯なので
鐵道當局は大弱り

近頃列車に投石するものが增加して往々、乘客に負傷せしめることがあつて鐵道當局は何れも子供の惡戯で其防止には手の付け樣がなく學校當局や父兄の注意を喚起する他ないので閉口してゐる試みに名古屋鐵道局管内の本年度に入つての投石數を縣別に示すと四月福井一件、五月富山、愛知各一件、六月富山、愛知各一件七月滋賀一件、八月石川一件、新潟二件、靜岡一件、愛知二件九月石川、長野、新潟、岐阜各一件、愛知二件、十月富山一件十一月新潟二件、岐阜、愛知、滋賀各一件、十二月は十二日までに石川一件、山梨二件になつてゐる斯く最近になつて增加してゐるので鐵道當局では沿線の小學校や父兄に子供の投石を注意する樣何等かの方法で依賴することにすると

列車への投石事件について報道した〈新愛知〉昭和２年12月13日付

エスカレートした背景には、先に述べたように大人たちの寛容な態度が要因としてあったわけです。では、当時の大人たちは、子どもにどのようなしつけをしていたのでしょうか。この点について、次節で見ていくことにします。

◇厳格ではなかった家庭でのしつけ

一番多いのは、そこらへ平気で食物の芯や包紙《つつみがみ》を棄てること、次は鼻紙を投げ棄てること、第三には制札《せいさつ》の場所をもかまわずに通行すること。次は子供を平気でなぐったりし、それから便所以外の場所へ子供の便を平気でやらせることとです。御承知のように制札場所へは自転車の往来をゆるしません、然《しか》るに大人が平気でそれをやるから公園巡査はこの頃見附《みつ》け次第自転車を取り上げることに致しました。一日に幾台そんな人があるか知れません。（讀賣新聞・一九二六年二月六日付）

上記は、当時児童遊園について研究していたある教師が、東京・日比谷公園の利用者について述べた記事です。すでに第2章で紹介したように、当時の公園利用者のマナーは非常に低いものでした。ここでは、とくに大人の行為について言及しています。記事は次のように続けます。

食物のくずや包紙を棄てる為め一定の場所へ籠《かご》を配置し、便所は適当の処《ところ》へ設けてあります。それを無視してどこでも投げやりにするんですから、その雑乱な行為には小供《こども》以上の教育が必要です。ごらんなさい、あの遊園場の藤棚の下なぞいつも小供の便所になるんです。折角《せっかく》の藤棚のきれいな花さえ泣き出します。私等は発見次第云《い》いますが、先方でははいはいと返答しながら、用便をすましてしまい次にまたそれをやるんです。小供はよく守りますが大人の公徳心の欠けて居ることは実に言外です。

しつけをする立場にある大人がマナーを欠いていては、子どもに示しがつきません。次の投書でも同様の指摘がなされています。

私は去る一日、近くの遊園地に子供を連れて散歩に出かけた。何時《いつ》も思う事なのだが、さて腰掛けようと思うベンチの前は夥《おびただ》しいみかんの皮や新聞紙、

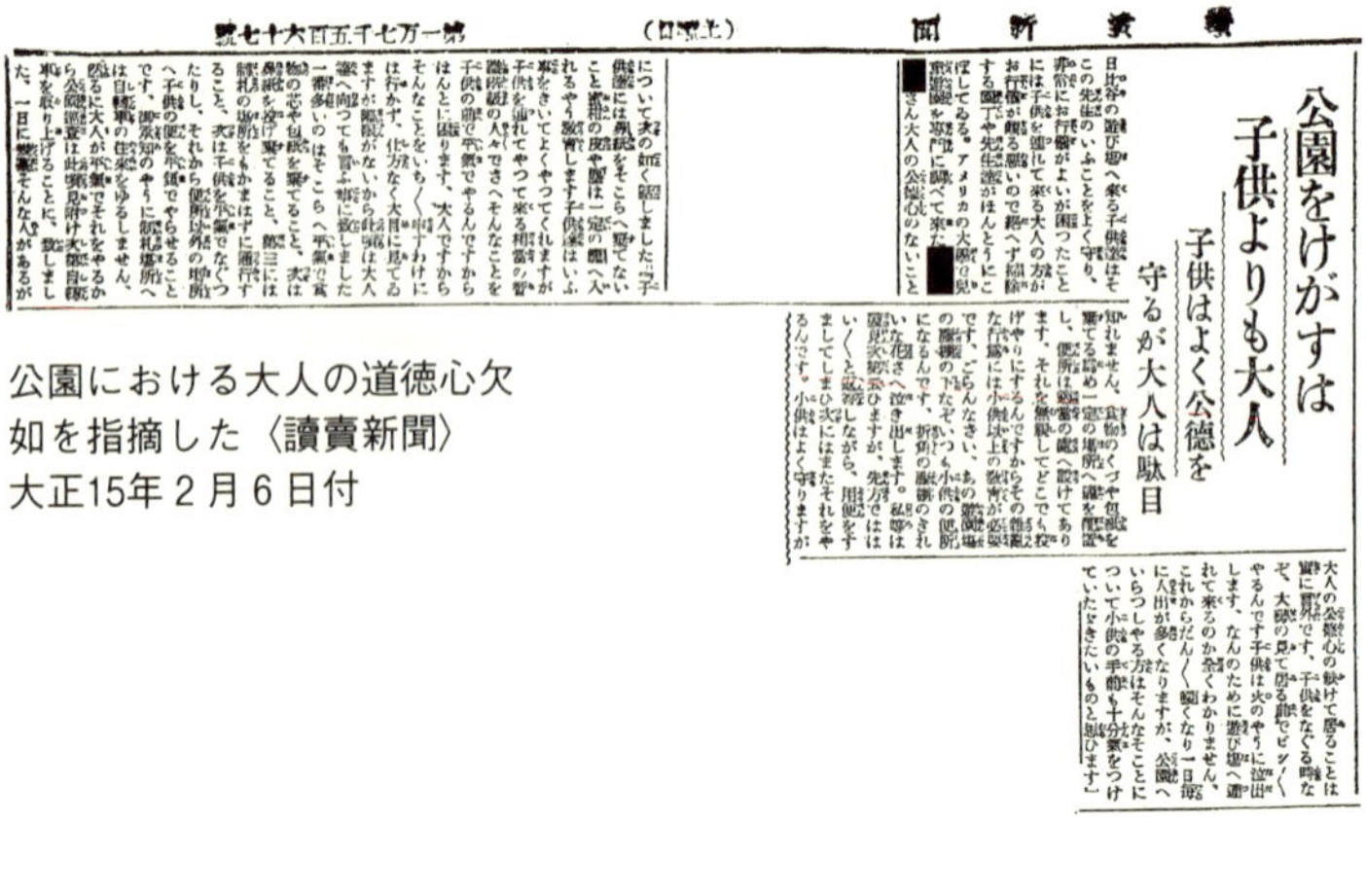

讀賣新聞　第一万七千五百六十七號

公園をけがすは子供よりも大人
子供はよく公徳を守るが大人は駄目

日比谷の遊び場へ来る子供達はそこの先生のいふことをよく守り、非常にお行儀がよいが困つたことには子供を連れて来る大人の方がお行儀が悪いので絶へず掃除する園丁や先生達がほんとうにこぼしてゐる。アメリカの大使の見敷遊戯を専門に調べて来た[redacted]さん大人の公徳心のないことについて次の如く話しました「子供達には食物をそこらへ棄てないこと蜜柑の皮や紙は一定の籠へ入れるやう教育しますと子供達はいふ事をきいてよくやつてくれますが子供を連れてやつて来る相當の智識階級の人々でさへそんなことを子供の前で平気でやるんですからほんとに困ります、大人ですからそんなことをいちいち申すわけには行かず、仕方なく大目に見てゐますが際限がないから此頃は大人達へ向つても言ふ事に致しました一番多いのはそこらへ平気で食物の芯や包紙を棄てること、次は鼻紙を投げ棄てること、第三には標札の場所をもかまはずに通行すること、次は子供を平気でなぐつたりし、それから便所以外の場所へ子供の便を平気でやらせることです、御承知のやうに標札場所へは自転車の往来をゆるしません、然るに大人が平気でそれをやるから公園課では此頃見附け次第自転車を取り上げることに致しました、一日に数台そんな人があるが知れません、食物のくずや包紙を棄てる為め一定の場所へ籠を配置し、便所は適當の處へ設けてあります、それを無視してどこでも投げやりにするんですからその雑乱な行為には小供以上の教育が必要です、ごらんなさい、あの遊園場の藤棚の下なぞいつも小供の便所になるんです、折角の藤棚のきれいな花さへ泣き出します。私等は發見次第云ひますが、先方でははいはいと返答しながら、用便をすましてしまひ次にはまたそれをやるんです。小供はよく守りますが大人の公徳心の缺けて居ることは實に言外です、子供をなぐる時なぞ、大使の見て居る前でピシャ/\やるんです子供は火のやうに泣出します、なんのために遊び場へ連れて来るのか全くわかりません、これからだん/\暖くなり一日毎に人出が多くなりますが、公園へいらつしやる方はそんなところについて小供の手前も十分気をつけていただきたいものと思ひます」

公園における大人の道徳心欠如を指摘した〈讀賣新聞〉大正15年2月6日付

卵のから等で足ぶみも出来ないほど汚されて居る事だ。その日もかなりインテリらしい母親が、すぐそばに屑籠《くずかご》が有るにもかかわらず、わざわざその辺に投げ捨てている。母からしてこの通りならば、どうしてその子供がそれを見習わずに居よう。（東京朝日新聞・一九三八年六月八日付）

子どもよりも大人のマナーのほうがひどいという指摘は、当時の記述でよく目にするところです。これらの事例から、当時の親たちが子どもにいかなるしつけをしていたのか、その一端が垣間見えます。

キャサリン・サンソムは、日本人の親がいかに子どもをかわいがり甘やかしているかを、自身の体験をもとに記しています。

日本ではいつでも子どもが優先されますが、汽車の中でもそうです。まず子どもたちが坐《すわ》ってから、両親が空いている隅に小さくなって坐ります。可愛

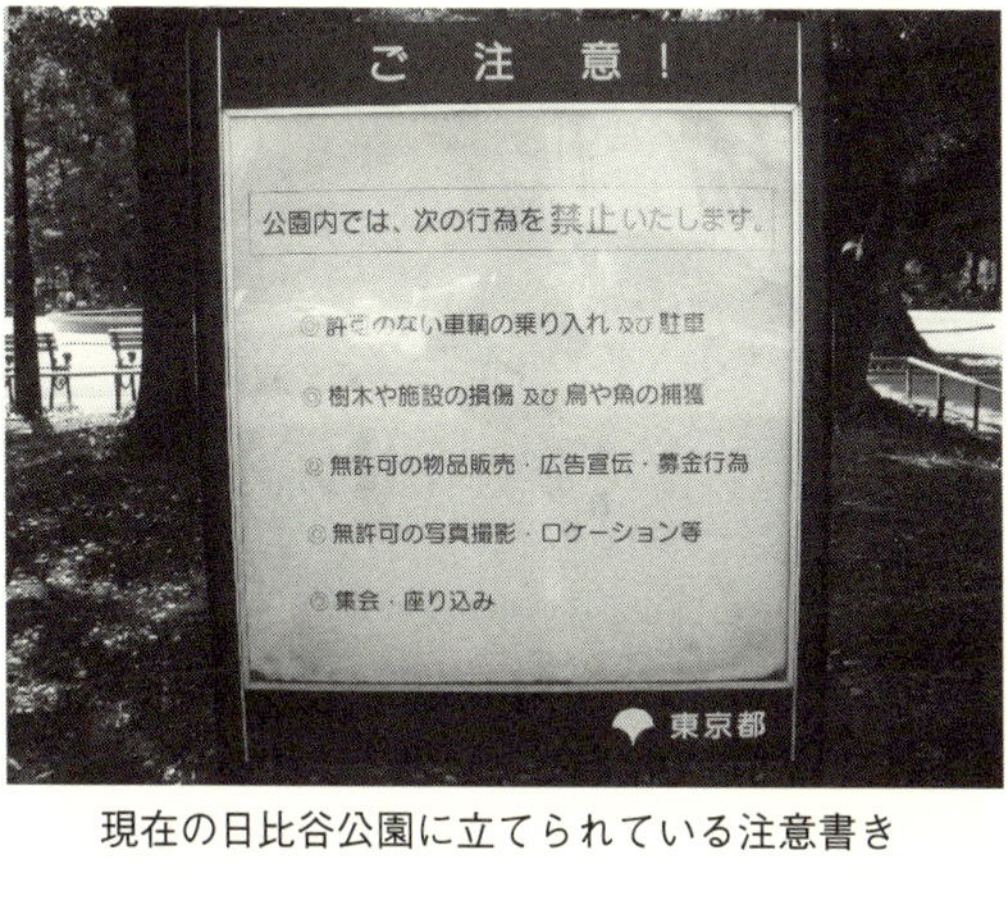

現在の日比谷公園に立てられている注意書き

い我が子のためならこんなことは何でもありません。汽車に乗っていなければ、どうせ家で子どもを可愛がっているのですから。（サンソム『東京に暮す　一九二八～一九三六』一一二ページ）

日本の家は、イギリスの家のようにきちんと整頓されて、物が特定の場所にあるというわけではないので、子どもたちは思う存分遊ぶことが出来ます。子どもはみんな可愛がられ、あやされ、ほめられます。イギリスの赤ん坊のように早くから厳しくしつけられることはありません。イギリスの中産階級の赤ん坊は、まだ幼いうちから、他の家族同様に、自分の立場をわきまえなくてはなりません。決められた時刻にベッドに入るのが嫌で泣きわめいても、日本のように家族全員が駆け寄って来て、抱き上げ、なだめ、あやし、そのうちに眠ってしまうと、「なんと可愛い寝顔でしょう」などと言ってくれることはありません。イギリスでは、子どもがどんなに可愛くても、まだ母乳を飲んでいるうちから少しずつしつけるのがよいと考えられています。（前掲書、二四三～二四四ページ）

子どもを叱っている母親を目にすることはめったにありません。母親が怒ることがないからです。いや、ほとんどないと言った方がいいでしょうか。〔中略〕イギリス人の母親は息子たちを叱ろうと待ち構えているとはいいませんが、日本人の乳母《うば》の最大の欠点は男の子を押《おさ》えることが出来ないことです。（前掲書、二五〇ページ）

多少一面的な見方をしている印象は拭えませんが、彼女の目には、日本人の親はイギリス人の親と比べて子どもを非常にかわいがる、悪くいえば甘やかしていると映ったようです。

同じく、昭和初期に来日し、数年にわたって日本に滞在していたあるアメリカ人女性が、一九三九（昭和一四）年三月二八日付の〈東京朝日新聞〉で子どものしつけについて次のように語っています。

> 小さい時から他人の迷惑になる事を教えこまないと、大きくなってからも平気で長々と車中で足を伸ばしたり、荷物を持った女の人にも席を譲らない様な習慣がつくのではないでしょうか。〔中略〕あちら〔アメリカ〕では物心がつく頃から子供の躾《しつ》けは非常に厳格

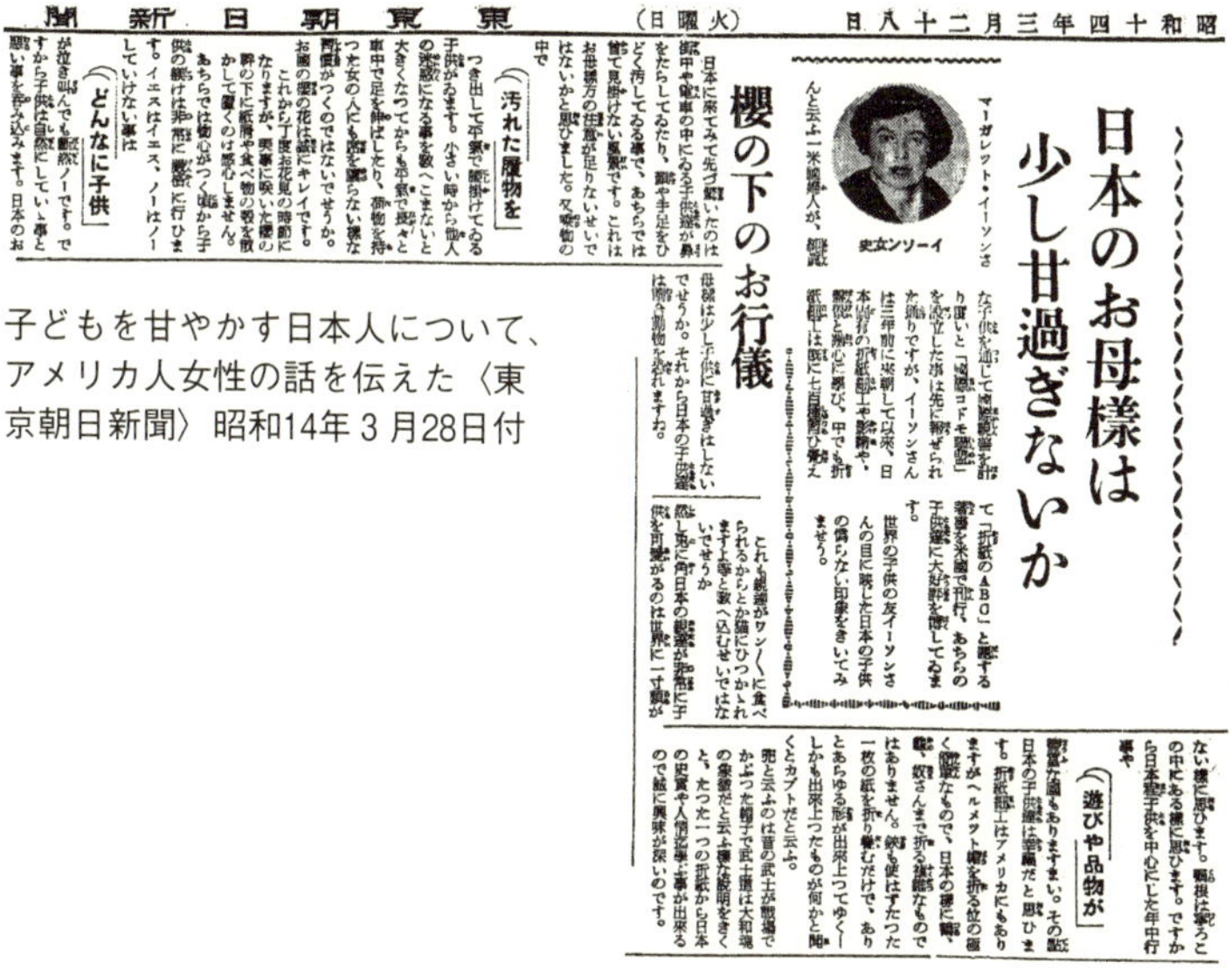

東京朝日新聞　昭和十四年三月二十八日（火曜日）

日本のお母様は少し甘過ぎないか

マーガレット・イーソンさんと云ふ一米國婦人が、[illegible]な子供を通して[illegible]り度いと「[illegible]コドモ[illegible]」を設立した事は先に報ぜられた通りですが、イーソンさんは三年前に来朝して以来、日本特有の折紙細工や影絵や、[illegible]と熱心に學び、中でも折紙細工は既に七百種類も覚えて「折紙のABC」と題する著書を米國で刊行、あちらの子供達に大好評を博してゐます。

世界の子供の友イーソンさんの目に映した日本の子供の偽らない印象をきいてみませう。

イーソン女史

櫻の下のお行儀

日本に来てみて先づ驚いたのは汽車中や電車の中にゐる子供達が鼻をたらしてゐたり、着物や手足をひどく汚してゐる事で、あちらでは一寸見掛けない風景です。これはお母様方の注意が足りないせいではないかと思ひました。又乗物の中で

汚れた履物を

つき出して平気で腰掛けてゐる子供があります。小さい時から他人の迷惑になる事を教へこまないと大きくなつてからも平気で長々と車中で足を伸ばしたり、荷物を持つた女の人にも席を譲らない様な習慣がつくのではないでせうか。

お國の櫻の花は誠にキレイです。これから丁度お花見の時節になりますが、見事に咲いた櫻の下に紙屑や食べ物の殻を散かして置くのは感心しません。

あちらでは物心がつく頃から子供の躾けは非常に厳格に行ひます。イエスはイエス、ノーはノーしていけない事は

どんなに子供

が泣き叫んでも厳然ノーです。ですから子供は自然にしていゝ事と悪い事を呑み込みます。日本のお母様は少し子供に甘過ぎはしないでせうか。それから日本の子供達は[illegible]を忘れますね。

これも親達がワン／＼に食べられるからとか猫にひつかゝれるとか教へ込むせいではないでせうか

然し乍ら日本の親達が非常に子供を可愛がるのは世界に一寸類がない様に思ひます。[illegible]の中にある様に思ひます。ですから日本程子供を中心にした年中行事や

遊びや品物が

[illegible]な國もありますまい。その点日本の子供達は幸福だと思ひます。折紙細工はアメリカにもありますがヘルメット帽を折る位の極く簡単なもので、日本の様に鶴、奴さんまで折る複雑なものではありません。鋏も使はずたつた一枚の紙を折り畳むだけで、ありとあらゆる形が出来上つてゆく―しかも出来上つたものが何かと聞くとカブトだと云ふ。

兜と云ふのは昔の武士が戦場でかぶつた帽子で武士道は大和魂の象徴だと云ふ様な説明をきくと、たつた一つの折紙から日本の史實や人情迄學ぶ事が出来るので誠に興味が深いのです。

子どもを甘やかす日本人について、アメリカ人女性の話を伝えた〈東京朝日新聞〉昭和14年3月28日付

に行います。イエスはイエス、ノーはノー、していけない事はどんなに子供が泣き叫んでも断然ノーです。ですから子供は自然にしていい事と悪い事を呑《の》み込みます。日本のお母様は少し子供に甘過ぎはしないでしょうか。

また、一九四〇（昭和一五）年七月一一日付の〈東京朝日新聞〉には、海外から日本に帰国した女性たちが、日本と外国の違いについて語った座談会の模様が掲載されています。

――**D夫人**…　日本の子供はひ

東京朝日新聞　（木曜日）　昭和十五年七月十一日

他人の子は叱らぬ

甘やかし過ぎる日本の子供

車内の悪い行儀

風俗時評　帰朝夫人に聴く（2）

日本人のしつけをテーマにした座談会での発言を伝えた〈東京朝日新聞〉昭和15年7月11日付

どく甘やかされていますね。

B夫人…　一寸《ちょっと》うるさいとすぐ食べ物を当てがって、食べ物を与えさえすればよいと云《い》う風ですね。

D夫人…　その点英国の子供は厳格に躾けられています。食堂では五つ六つのやんちゃな男の子でも紳士です。例えばお茶に招待しても後で必ずその家の家庭教師が来て「今日はイタズラをしませんでしたか」と色々聞いて帰るのです。

私達日本人としては例え悪戯をしても、後で叱られては可哀そうだからなどと考えてつい「いいえ、今日はおとなしゅうございました」と答えたくなるのですが、英国人はその点実にハッキリしていて、悪ければ悪いで人の前でも遠慮なく叱ります。

C夫人…　私も初めはびっくりしましたが、他家の子でもその親の面前で平気で叱りますね。つまり悪い事をすれば誰からでも叱られるし、叱ってもよいと云うわけなのでしょう。日本人の子は大人を甘くみて馬鹿にしますね。

サンソム同様、イギリスやアメリカの基準で見ると、当時の日本の子どもは親から甘やかされていると捉えられたようです。もっとも、日本の親が海外の親に比べて子どもに甘いという指摘は、今日も聞かれることです。この点は、昔から変わっていません。ただ、「昔の日本の家庭では子どもに対するしつけが厳格になされていた」というイメージをもつ方にとって、これらの発言は意外に感じられるのではないでしょうか。

「最近の親は子どものしつけがちゃんとできていない」などと言いながら、若い親たちに厳しい目を向ける人がいます。しかし、そうした人の親たちも、実は「しつけがちゃんとできていない」親だったのかもしれません。

同じく、先に挙げた一九一〇（明治四三）年七月三日付の〈讀賣新聞〉では、ある外国人が日本について「子供の威張る国」だと感想を語ったと記しています。記事では、この言葉が適当かどうかは分からないとしながらも、次のように述べています。

客間と云《い》わず応接室と云わず、一家を子供の横行するに任《ま》かせ、来客に供したる菓子を子供の奪い去ることすらある我国のある種の家庭の状を見せしむれば、あるいは「子供の威張る国」という感じを起さざるを得ざる場合あるべし。

さらに続けて、日本の子どもが甘やかされている現状に関して、西洋社会と比較しながら次のように論じています。

人あるいは個人を単位とせる西洋の社会組織が親子の間を冷淡ならしめ、往々子供を虐《ぎゃく》遇《ぐう》することあるを批難《ひなん》するものあり。無論その辺の事情も無きにあらず。この点に於《おい》て我国の家族制度は実に比類少《すくな》き美点なるべしと雖《いえど》も、さりとて所謂《いわゆる》犬〔ママ〕可愛《かわい》がりをなして不取締に流れ、遂に子供をして子供らしからざる悪戯を為さしむるは、決して我国の美点と

一云うべからず。

ところで、「昔の大人は、よその家の子どもでも悪いことをすれば叱っていた」という話をよく耳にします。先の事例でも触れられていましたが、この点について、評論家の帆足みゆきは一九二九（昭和四）年に、アメリカの家庭と比較しながら次のように述べています。

従来の風習として、我々日本婦人は他人の子供の悪いことをしているのを見た場合、彼等に対して決して親切な態度をとりませんでした。先《ま》ず悪戯をしている子供と何の関係もない者であると、子供の仕《し》ている事が、いかほど悪いことであろうと、知らない振《ふり》をして通り抜けてしまって、蔭でその子の悪口でもいう位のことです。もしまた、子供の家と自分とが親しい間柄でもあると、心掛のよい人は偶々《たまたま》それを制すであろうが、先ず多くの人は、そうはしません。子供の仕ている悪戯が悪いことだと承知していながら、無用な遠慮心から、それを制することなく、妙な処《ところ》に妥協して、そのままそれを黙過《もっか》してしまいます。これはまだしもよいが、ともすると、大人が子供にこびを呈して、例えば、子供が垣根などをむしりこわしていると、「あら強いわね、ほほほ」と笑いにまぎらす。何という虚偽でしょう。（帆足みゆき『現代婦人の使命』一九七～一九八ページ）

当時の日本社会における子どものしつけ・教育に関して、教育社会学者の広田照幸氏は次のように述べています。

> 礼儀作法や道徳などを親が細かく子供に教え込んでいたのは、もっぱら都市のサラリーマン・インテリ層や地方農村の富裕層にすぎなかった。かつての農村社会では、子供の自然の成長や自覚を期待する放任的なしつけが庶民の一般的なあり方だったため、多くの階層では、〈労働のしつけ〉を除けば、子供のしつけは「ゆるゆる」の状態であった。（広田照幸『日本人のしつけは衰退したか』一七四ページ）

広田氏によると、かつての農村の家庭で親が子どもを叱るのは、家の仕事や手伝いに関する場合のみだったそうです。つまり、社会的なマナー・モラルが厳しく教えられる機会はほとんどなかったということです。家の存続に直接かかわりうる「労働のしつけ」には厳しく、行儀作法など労働とは関係のない部分のしつけについては関心が薄いというのが一般的だったわけです。

都市部でも、下層から庶民層にかけての家庭では、子どもの教育はおざなりにされがちでした。農村部であれ都市部であれ、生活していくために必死で、ゆとりのある生活を送ることが難しかった家庭において、しつけがなされる余地などなかったことは想像に難くありません。

戦前に発行された書籍や新聞では、しつけに関する記述が年々増える傾向が見られることから、当時の人々の間にしつけの重要性に対する認識が徐々に広まりつつあったのは確かです。しかし、多くの家庭でそれが実践されるには至ってなかったというのが実情のようです。

模索の途上にあった道徳教育

世間は今の修身教育に満足せざるは確《たしか》なり。この不満足は大体に於《おい》て無理ならずと信ず。吾輩も満足せず。また国家の前途上大に憂ふべきこととするものなり。日本の道徳低下は如《い》何《か》に贔屓目《ひいきめ》に見てもこれを認めざるを得ざるべし。今日既に低下せるに非ずとするも、その傾向あるは毫末《ごうまつ》の〔わずかな〕疑を容《いれ》るべからず。しかしてその速度はかなり急なるが如し。
（讀賣新聞・一九一八年四月二六日付）

修身教育、つまり道徳教育が十分なされていないこと、そして日本人の道徳が低下している現状について、〈讀賣新聞〉の論説は右記のように訴えています。当時は家庭におけるしつけが十分なされていなかった反面、学校では道徳教育にとくに力が入れられていました。しかし実際のところ、その内容は必ずしも十分なものではなく、国民一般の道徳向上にはつながっていませんでした。

今日の学校で行われている道徳の授業は、戦前は「修身」と呼ばれていました。明治の初期から学校の授業科目に取り入れられています。一八八一（明治一四）年に文部省（現・文部科学省）が定めた「小学校教員心得」には、道徳教育について次のように書かれています。

一、人ヲ導キテ善良ナラシムルハ、多識《たしき》ナラシムルニ比スレバ更ニ緊要《きんよう》ナリトス。故《ゆえ》ニ教員タル者ハ、殊《こと》ニ道徳ノ教育ニ力《ちから》ヲ用ヒ、生徒ヲシテ皇室ニ忠ニシテ国家ヲ愛シ、父母ニ孝ニシテ長上ヲ敬シ、朋友ニ信ニシテ卑幼《ひよう》〔目下の者〕ヲ慈シ、及《および》自己ヲ重ンズル等、凡《すべ》テ人《じん》倫《りん》〔人と人との間の道徳的秩序〕ノ大道ニ通暁《つうぎょう》〔よく知っていること〕セシメ、且《かつ》常ニ己《おのれ》ガ身ヲ以《もっ》テ之ガ模範トナリ、生徒ヲシテ徳性ニ薫染《くんせん》〔よい影響を与えること〕シ善行ニ感化セシメンコトヲ務ムベシ。（文部省『小学教員心得』一〜二ページ）

読みづらい文章ですが、大まかにまとめると、児童に対しては知識を教えることよりもまず善良な人間に育むことが大切であると説いています。そのためにも道徳教育に力を入れること、そして自らが模範となって児童を導くことを教員に求めています。こうした方針のもとで、修身の教授に力が入れられていきましたが、先の論説は満足できる状態ではないと断じています。

一八九〇（明治二三）年に「教育ニ関スル勅語（教育勅語）」が発布されると、以後これが修身教育の柱とされるようになりました。そこには、天皇が語りかける形で国民が守るべき道徳が三一五文字の短い文章にまとめられています。父母への孝行や学問の大切さなど一二の徳目が挙げられており、当時使われていた修身の教科書の最初には、必ずこれが掲載されていました。

当時、教育改革の必要性を唱えていた西山哲治《にしやまてつじ》（一八八三〜一九三九）は、その著書『悪教育の研究』のなかで、教育勅語の取り扱いに関して次のように述べています。

道徳教育上、教育勅語や戊申詔書《ぼしんしょうしょ》(1)の取扱に就《つい》ては教育家も余程苦心して居るようである。また文部省などは切りにその暗記、暗誦《あんしょう》を奨励して居るようである。暗記、暗誦素《もと》より悪くはない。否《いな》、時には大いにその必要もあろう。しかし、現時小学校に行われて居る勅語教授なるものは、多くは無意味な機械的な暗記、暗誦で、所謂《いわゆる》論語読みの論語知らずの観があるように思われる。

君に忠に、父母に孝には誦《そら》んじて居るけれども、子供にふさわしい君に忠なる、父母に孝なる行為はどんなことであるかと問えば、進んで答え得るものは先《ま》ず少ないという形である。徒《いたず》らに機械的の読み方や、記憶、書き方などを教ふるに全力を盡《つく》して却《かえっ》てその精神を理解せしめぬものが多いではなかろうか。（西山哲治『悪教育の研究』七四ページ）

また、大正後期に小学校で修身の授業を受けていたある女性が、当時の授業の様子について次のように回想しています。

〜　このお勅語は三年生までに暗誦させられ

（1）一九〇八年に発布された詔書。国民が一致して勤検力行し、国富の増強に努めることが強調された。

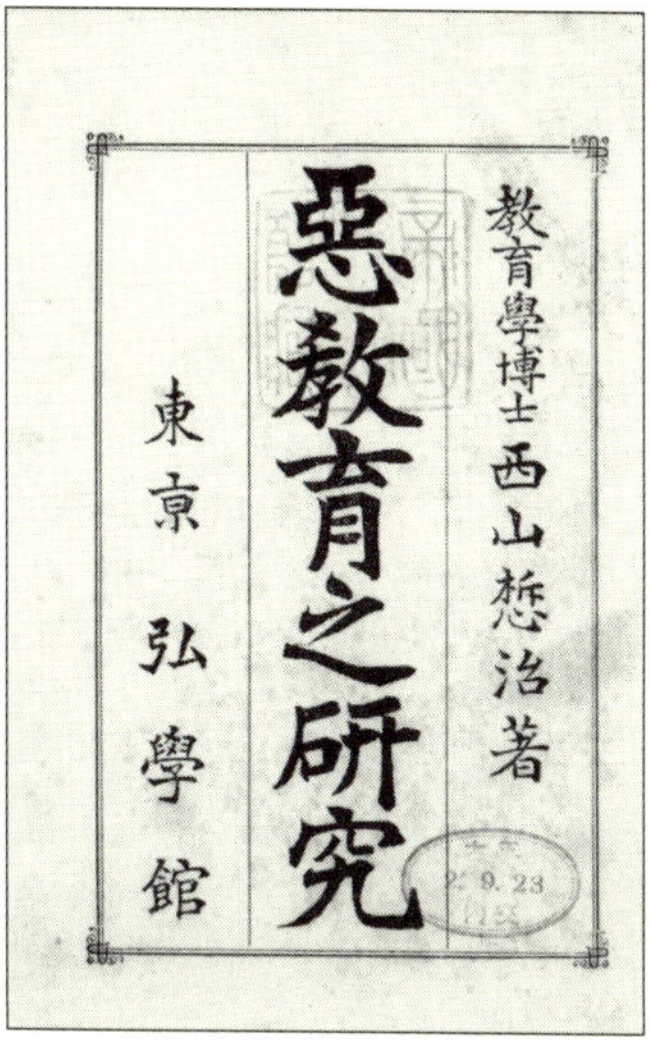

た。〔中略〕もちろん意味はほとんどわからない。四年生になると、さらに見ないで書けないといけないのだった。先生が出張などで自習になるときは筆で書かされた。むずかしいので半紙を載せて写したのがばれ、「日本人ともあろう者がお勅語の上に紙を載せて書くとは何事です！」とひどく叱られた子もいた。（綿引まき「私の受けた戦前の教育」〈教育〉一九八九年二月号、六九〜七〇ページ）

難しい漢語が並んだ教育勅語は、子どもが簡単に理解できるものではありませんでした。また、教育勅語が書かれた教科書を大切に扱うことが要求されたため、子どもたちにとって教育勅語は、ただ神聖なものであるというイメージだけが刷り込まれていきました。教える側も、その取り扱いには苦心していたようです。

結局、その内容・精神について理解を深めることよりも、まず暗記することが求められたというのが実情なのです。教育勅語にかぎらず、当時の修身の授業は暗記が基本となっており、教師が読み上げたものを、子どもが同じように復唱することが何度も繰り返されました。

では、修身の授業では、教育勅語以外にどんなことが教えられていたのでしょうか。その一例として、当時の学校で使用されていた教材の一つ、『教師生徒必携　小学作法書』（一八九〇年刊）を見てみます。ここには、生徒らが守るべき作法がこと細かに記されています。そのなかから、いくつかの項目を取り上げてみましょう。

○朝起きたる時は速《すみや》かに寝衣と昼衣と着交うべし
○食いし物未《いま》だ口にあるに他の物を食ふべからず
○外へ出る時は必ず父母にその由《よし》を告ぐべし
○父母長者の前にて腕組み又は懐手《かいしゅ》〔和服の袖から手を出さず懐に入れていること〕すべからず
○他人の衣服の美悪を言うべからず
○人の所持の品物をうらやみまた乞《こ》うべからず
○便所に行くに走り行くべからずまた穢《けが》さざる様注意すべし
○弟妹は兄姉を敬う兄姉は弟妹を愛し互に礼を失うべからず
○前の人を追い過ぎんとする時は右側を過ぐべし
○凡《すべ》て物を人と分《わか》たんとするには己《おのれ》は少き方または悪しき方を取るべし
○父母尊長の召し給《たま》いし時〔呼ばれたときは〕は己の仕事を止め速かに行き命を拝すべし
○父母老いたらば常に傍《かたわら》を離れず出入共に能《よ》く保護すべし
○食物の中に毛髪もしくは小虫あるいは不潔物等ある時は人目に付かざる様に取除き膳の縁に置くべし
○人の恥辱《ちじょく》となることは言うべからずまた誇言すること勿《なか》れ

（逸見磯七・中山源八郎編『教師生徒必携　小学作法書』より）

この本では、日常生活のさまざまな場面における心構えが一四九項目にわたって記されています。なかには授業中の心得や登下校中の注意事項もありますが、多くは家庭や一般社会における心構えとなっています。本来であれば、家庭で教えられていてもよいと思われる事柄も少なくありません。こうした細かな内容を学校教育の場で教える必要があったということは、見方を変えると、家庭でのしつけが十分なされていなかったことの証左となります。

当時、実際に修身の授業を受けていた児童は、その内容に対してどんな印象をもっていたのでしょうか。戦前の尋常小学校の児童を対象にした多くの調査結果によると、修身は子どもたちに人気のある科目だったようです。とくに低学年では、教材にお伽噺《とぎばなし》が使われていたこともあって好まれていました（湯沢雍彦他『百年前の家庭生活』二三九～二四一ページ）。

では、上の学年の生徒らは修身にどんな印象をもっていたのでしょうか。この点については、一九一三（大正二）年一〇月一〇日付の〈讀賣新聞〉に興味深い記事が載っています。

この年、出版社の実業之日本社によって一六、一七歳の女子生徒らを対象にした「少女大会」というイベントが催されました。イベントでは、第1章でも紹介した増田義一の講演や芝居などが行われています。そのなかで講演に対する少女らの反応について、記事には次のように書かれています。

――増田義一氏の「模範的少女」の話は修身訓として誠に面白い話であったが、少女たちの耳には何等《なんら》の印象も与えないで、寧《むし》ろ不快を感じさせたように思われる。今の少女と云《い》うものは、慈愛あれ、親切であれ、熱心であれ、用意あれと、云うようなことを聞くのを甚しく苦痛に思い、侮辱されたように思っている。折角《せっかく》の訓話も馬の耳に念仏で、遂に無意味に終ったのを返す返す残念に思う。こんな話はモット年の少い幼女あるいはその母なる人に語って聴かせる方が有益であろう。

芝居に対する反応に関しては、次のように書かれています。

孝行を筋にした哀れな境遇の少女物語は、軽佻浮薄《けいちょうふはく》に流れている近頃の少女の心に一の刺激を与える好い着想のようではあるが、事実はこれに反し、少女の殆《ほと》んど総《すべ》ては孝行の話など大嫌いらしく、少しも聴いていない。従って面白いとも思わぬらしい。今の少女は唯《た》だかわいそうな、人情のからんだ話ならば喜んで泣きながら傾聴する。

そして、記者は左記のように結論づけています。

　私は実業之日本社の親切が幾許《いくばく》も神経過敏な少女の心に通じなかったことを遺憾《いかん》に思う。それにつけても、学校と家庭は大《おお》いに反省しなければならぬ。今の女子は十四五歳〔ママ〕にして既に精神的に堕落しているのが多い。

記者が少なからず先入観をもって少女たちを見ていた感は否めませんが、当日の少女らの態度は決して好ましいものではなかったことがうかがえます。もっとも、今の少女らを対象に同様のイベントを実施したとしても、おそらく反応は同じようなものでしょう。

参考事例として、二〇〇三（平成一五）年の文部科学省「道徳教育推進状況調査」を見てみます（二一五ページの図参照）。これによると、「道徳の時間を『楽しい』あるいは『ためになる』と感じている児童生徒がどの程度いると思うか」と各学校に対して質問したところ、小学校低学年は「ほぼ全員」と答えた学校が四三・四パーセントだったのに対し、中学校第三学年については、「ほぼ全員」は七・六パーセントにとどまっています。やはり学年が上がるほど、道徳に対して冷めた見方をする傾向があるようです。

面白くない話には耳を傾けようとすらしない態度は、「今の女子」にかぎったことでなく、その後の時代の女子でもそれほど変わっていません。

当時は尋常小学校（一九四一年から国民学校）からその後の上級学校まで、修身がカリキュラムに組み入れられていました。今日と違い、教科の一つとして位置づけられ、国語や算数と同様に試験も行われていました。試験があれば、子どもたちはその中身を覚えねばなりません。当時の子どもたちに、知識としての道徳が身についていたことは確かです。しかし、すでに述べてきたように、実際の社会生活で必要とされる道徳心が高められていたわけではありません。

先に挙げた教育者の西山哲治は、修身教育の実態について実例を挙げながら次のように述べています。

図　文部科学省　平成15年度　道徳教育状況推進調査

○道徳の時間の評価（平成14年度実績）

・道徳の時間を「楽しい」あるいは「ためになる」と感じている児童生徒がどの程度いると思うかと学校に質問したもの

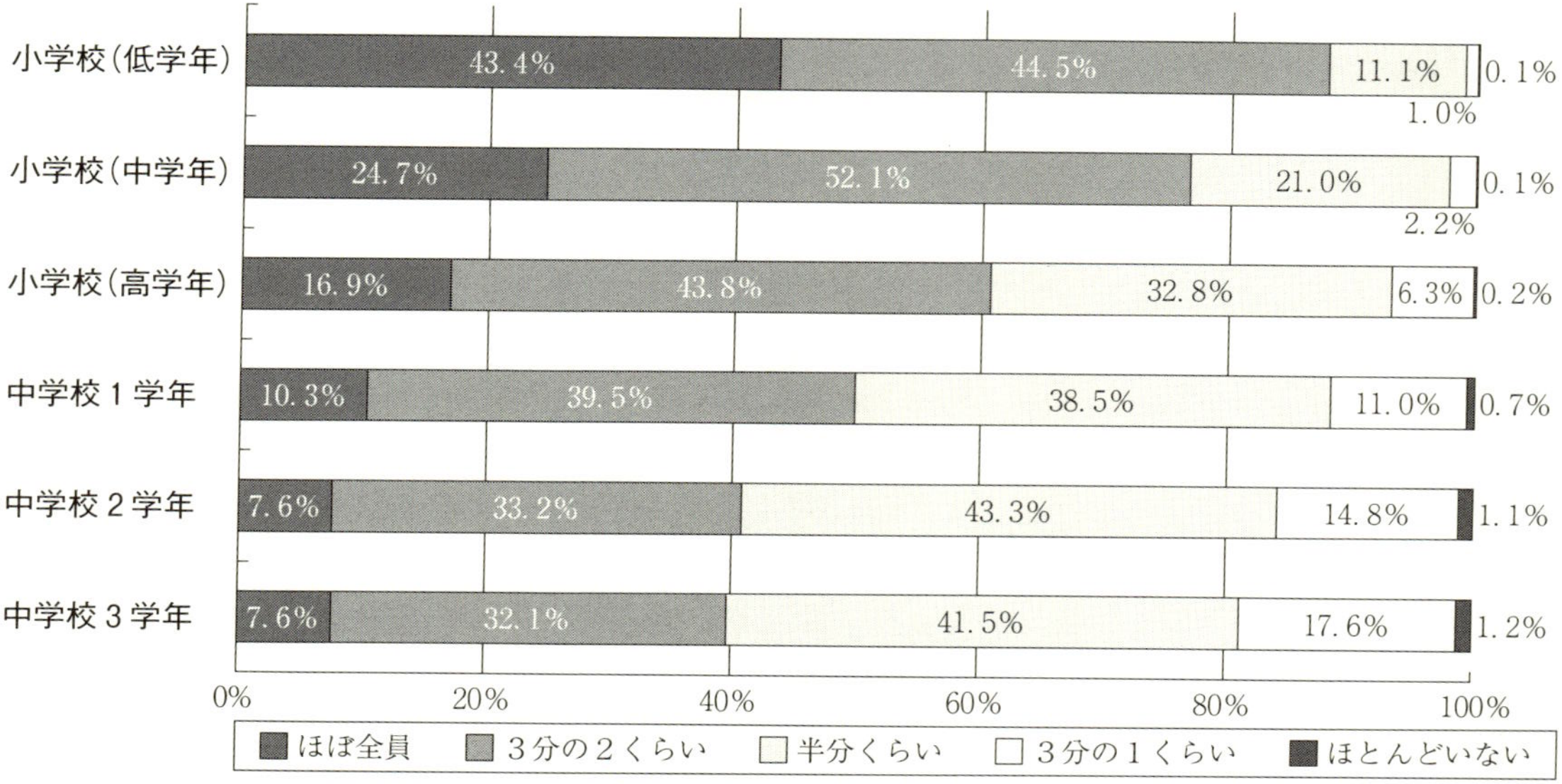

※全小中学校対象

教師は修身の時間に於《おい》て教育勅語の『朋友《ほうゆう》〔友人〕相信じ』に就《つい》て教科書により最巧妙に教授して居る。教室では子供等は成程《なるほど》朋友相信じなくてはならぬものと首肯《しゅこう》〔うなずくこと〕させて居るかの様である。しかし一たび十五分間休憩の鐘が鳴り渡ると子供等は先を争って運動場へ急ぐ。忽《たちま》ちのうちに彼方《かなた》、此方《こなた》で大小の喧嘩が演ぜられる。すなわち今、修身で学んだ朋友相信じと正反対な行為である喧嘩が数分間を出ずしてこの運動場で行われて居るのである。しかるに教師はといえば、教員控室で他の先生等と雑談に余念なし。煙草を吹かす、湯茶を飲む、新聞雑誌なんかを見て時々下らぬ話に花を咲かせ、時としては教員室の笑声の高きに運動場に悪戯しつつある生徒をして一時ハッと驚かす事さえあるという具合で、教員等は運動場に於《お》ける実際的徳育などには眼もくれない。丁度《ちょうど》四十五分間の教授請負人といったような形である。これでは到底日本の小学校に於ける道徳教育の実は挙がるものではない。(西山哲治『悪教育の研究』五七〜五八ページ)

修身を教授された子どもたちは、授業が終われば学んだことなど忘れてしまう。知識として言葉は覚えていても、それが実践に結び付くというわけではなく、また教えた側も、授業が終われば子どもたちの徳育には無関心……。今日の学校でも似たような光景が見られるのではないでしょうか。

実際、授業で「朋友相信じ」と教えられただけで、子どもたちが喧嘩をしなくなるということ自体、普通に考えればありえないことです。西山は、だからこそ教員に実際的な徳育を求めているわけですが、現実は当の先生たちもそれほど指導に熱心ではなかったようです。

修身教育の実効性に疑問がもたれていた状況について、一九一九（大正八）年六月二二日付の〈讀賣新聞〉の論説は次のように述べています。

〔前略〕教育勅語煥発《かんぱつ》〔輝くように現れること〕以降、喧《かまびす》し〔騒がしい〕かりし徳育論は鎮静したるも、これ単に教育界内の事に止《とど》まり、一般社会は功利の念、愈《いよいよ》強盛となり、顕要《けんよう》の〔重要な〕地位と富裕の生活とは民衆を導く火柱となれり。

法律と擦《す》れ擦れに行く位は品行方正《ひんこうほうせい》〔行いがきちんとして正しいこと〕の部に属し、時たま少々その内に踏み込みても、問題とさえならざればそれにても済むことに思い、縦《たと》ひ問題となりて一時世を忍ぶ身となるも、暫《しばら》く雌伏《しふく》〔屈服して従うこと〕して七十五日を待てば、再び人並の顔をして世間を憚《はばか》らざる世の中なり。『金さえあれば』という信條《しんじょう》は、孔子の教《おしえ》、基督《キリスト》の教にも優りたる、確実なる現代の実際的活宗教たるなり。

父母はその児《こ》に向って、縦い世に顕《あら》われずして清貧に終るとも、決して最小の罪悪をも犯す勿《なか》れと教うるに非《あら》ず。人目に立たずして済むことならば少々の不徳はありても、顕要の地位に昇るか富裕の生活に達せんことを熱望せり。世間もまたこれを譴《とが》めざるのみならず、かくしてその目的を遂げたる者を成功者として称揚《しょうよう》す〔ほめたたえる〕。久しく教育に従事したる筆者は、殆《ほとん》ど試験毎《ごと》に生ずる不正事件（カンニング）に関し、本人及びその父兄と談ずるや、何の為に学問をなすのかの動機の高尚ならざるを見て、民衆の道義観念の低きを歎息《たんそく》

〔ため息をつく〕せざる得ざりき。学校に於ける修身教育の効果乏しきは実にこれが為めなり。

一九一九（大正八）年といえば、第一次世界大戦にともなう、いわゆる大戦景気が続いていたころです。次々と成金《なりきん》が誕生するなど、拝金主義がはびこっていた世相を反映した論評だと言えます。金に対する信仰が儒教やキリスト教の教えに勝っている状態で、今や「現代の実際的活宗教たる」と言わしめるまでになっていたということです。そうした信条をもった親たちは、子どもに対して、人目に立たなければ多少悪いことをしてでも高い地位や豊かさを得ることを希望しており、世の中もそうした人物を成功者としてたたえるといった風潮があるため、いくら修身教育を施しても効果は乏しいと述べています。

先の論説は続けて、「道徳の向上は必ず先《ま》づ社会の実際より改良せざるべからず。実際を以て観念を高め得《う》べし。観念を以て実際を改造せんこと難《かた》し」と述べ、道徳意識を高めるためには、理屈よりもまず実社会を変えていくことが必要だと結んでいます。

戦後同様、戦前の道徳教育も手探りの状態だったのが実情です。戦前の教育界では、子どもたちにいかに道徳教育を施すか、どうしたら実効を高めることができるのかという模索が続けられていました。結果として、修身教育がどれほどの効果を上げたのかを測る術《すべ》はありませんが、少なくとも、修身の授業があったという事実と、子どもたちが修身によって高い道徳を身につけていたというイメージは切り離しておくことが妥当と言えるでしょう。

参考までに、「教育勅語」を掲載しておきます。ただし、そのままでは読みづらいので現代仮名遣いに変換し、ルビや句読点を追加しておきました。

教育に関する勅語

朕惟《ちんおも》うに、我が皇祖皇宗《こうそこうそう》、国を肇《はじ》むること宏遠《こうえん》に、徳を樹《た》つること深厚なり。我が臣民《しんみん》、克《よ》く忠に、克く孝に、億兆心を一《いつ》にして、世世《よよ》厥《そ》の美を済《な》せるは、此れ我が国体の精華にして、教育の淵《えん》源《げん》亦《また》実に此《ここ》に存す。爾《なんじ》臣民、父母に孝に、兄弟《けいてい》に友に、夫婦相《あい》和し、朋友《ほうゆう》相信じ、恭倹己《きょうけんおの》れを持《じ》し、博愛衆に及ぼし、学を修め、業《ぎょう》を習い、以《もっ》て智能を啓発し、徳器《とっき》を成就《じょうじゅ》し、進《すすん》で公益を広め、世務《せいむ》を開き、常に国憲を重《おもん》じ、国法に遵《したが》い、一旦緩急《かんきゅう》あれば義勇公に奉じ、以て天壌無窮《てんじょうむきゅう》の皇運を扶翼《ふよく》すべし。是《かく》の如きは、独《ひと》り朕が忠良の臣民たるのみならず、又以て爾祖先の遺風《いふう》を顕彰《けんしょう》するに足らん。

斯《こ》の道は、実に我が皇祖皇宗《こうそこうそう》の遺訓にして、子孫臣民の倶《とも》に遵守すべき所、之《これ》を古今《ここん》に通じて謬《あやま》らず、之を中外に施して悖《もと》らず。朕爾臣民と倶《とも》に、拳拳服膺《けんけんふくよう》して、咸其《みなその》徳を一にせんことを庶幾《こいねが》う。

明治二十三年十月三十日
御名御璽《ぎょめいぎょじ》

『礼法要項』の作成と普及

礼儀作法は学校だけで教えられるものではなくて、国民のすべてが日常の生活の一つとして心得なくてはならぬ事です。今回発表された礼法要項はどこまでも日常の礼法で、朝から晩まで、何の気なしに心やすく行うべき事を集めたもので、その根本は恭敬和親《きょうけいわしん》〔つつしみ敬うことと仲良くすること〕より出でてお父さん、お母さんを始め、国民学校にはいる子供までも一通り行えるものを基準としたものです。（朝日新聞・一九四一年四月一八日付）

国民の道徳心低下について、時の政府も懸念を抱いていました。一九三七（昭和一二）年の教育審議会でこの問題が議題とされ、その答申を受けて一九三八（昭和一三）年一月、元貴族院議員で植物学者の徳川義親《とくがわよしちか》（一八八六〜一九七六）を委員長とする「作法教授要項調査委員会」が発足し、乱れている国民の礼を正す方法の検討がはじまりました。

同年七月にまとめられた案が文部大臣に提出され、それから三年近くの時を経て、文部省から『礼法要項』として発表されるに至りました。これは主に中等学校の礼法教授資料としてつくられたものですが、国民全員が心掛けるべき礼法の国家基準として、実践が求められました。学校で教えられたのはもちろん、地域によっては一般向けの勉強会が開かれるなど、国民全体への普及徹底が図られたわけです。右記は、作成の中心となった徳川義親が、発表当時にその趣旨について語ったものです。
内容は前後編で構成され、前編は九章、後編は二六章。後編は「皇室国家に関する礼法」、「家庭生活に関する礼法」、「社会生活に関する礼法」の三つに分けられており、立つ姿勢から言葉遣い、食事マナー、交通マナー、公共物の取り扱いなど、日常のさまざまな場面における心掛けが事細かに記されています。そのなかから、特徴的な項目をいくつかを取り上げてみます。

自称は、通常「私」を用いる。長上に対しては氏または名を用いることがある。男子は同輩に対しては「僕」を用いてもよいが、長上に対しては用いてはならない。（前編　第五章・二）

長上に対しては、なるべく「ございます」「あります」「参ります」「致します」「存じます」「遊ばす」「申します」「いただきます」等、時に応じて用いる。長上には「です」「もらう」「くれる」等は用いない。（前編　第五章・七）

言語は出来るだけ標準語を用いる。（前編　第五章・九）

どてら・湯上り衣・簡単衣等で外出してはならない。（後編　第八章・一九）

化粧は目にたたない程にする。殊更《ことさら》につくり過ぎるのはよくない。人の目につく所で化粧をしたり、服装をなおしたりしてはいけない。（後編　第八章・二〇）

女子が一人でいる室には、男子は、近親の者以外は、はいってはならない。用事は室外で弁ずる。已《や》むを得ず室にはいる場合には、扉・襖《ふすま》を閉じない。女子の男子に対する場合もこ

れと同様である。（後編　第九章・十五）
狭い廊下などで長上に行逢ったときは、左側によけてとどまり、会釈して通過を待つ。階段では、二三段の処《ところ》ならば、引返して長上の通過を待ち、その他の場合は左側によけてとどまる。（後編　第九章・一九）
普通の訪問には手土産《てみやげ》を持って行かない。手土産は、先方の迷惑になることが多いから、注意しなければならない。（後編　第十二章・六）
近隣打寄って互に人の噂をし合ったり、徒《いたず》らに雑談に耽《ふけ》ったりしてはいけない。近隣の集会は時間の浪費に陥らないよう特に注意する。（後編　第十八章・六）
濫《みだ》りに遠方から人を呼びかけ、または人を注視したり、指さしをしたり、振返って見たりしてはいけない。（後編　第十九章・四）
人が失策や過失をしたとき、笑ったり、嘲《あざけ》ったり、咎《とが》めだてをしたりしない。なるべく見て見ぬ振りをする。（後編　第十九章・五）
講演会、演説会等では中途で立ったり、談笑したりして、人の妨《さまたげ》をしてはならない。劇場・映画館等に於《お》いても同様の心掛を要する。（後編　第十九章・八）
病院では、出来るだけ静かにして、人に迷惑を及ぼさないようにする。廊下の歩き方、戸の開閉等にも細かな心づかいを必要とする。他人の病室をのぞきこむのは失礼である。学校・工場等の見学の場合にも同様の注意を要する。（後編　第十九章・一〇）
道路その他多数の人の集っている処で、長々しい挨拶や用談などして、人の妨になるよう

なことをしてはならない。（後編　第二十一章・五）

公園・遊園地等では、よくその規則を守り、禁止区域に出入したり、危険な遊をしたりしない。（後編　第二十一章・一四）

濫りに草木などに手を触れないことは勿論《もちろん》、紙屑・たべ殻の類は必ず屑箱に入れ、公園の風致《ふうち》〔おもむき〕を害さないようにする。（後編　第二十一章・一五）

すべて集会は円満にその目的を達するように、互に礼儀を守り、謙譲を旨とする。自分勝手の言動をしてはならない。（後編　第二十三章・一）

食卓では前または隣席の人と静かに談話する。大声を出しまたは哄笑《こうしょう》してはならない。また話題に注意する。（後編　第二十四章・四）

園遊会等の際、用意の卓子等から、茶菓その他のものを、各自の嗜好に応じて適宜に取分けて来る場合には、先を争わないようにする。飲食物は、すべてその場で軽くたべるだけを取り、多きに過ぎないようにする。（後編　第二十四章・第五節・一二）

応援は、真面目で、野卑《やひ》〔下品なさま〕に陥らず、競技者の精神を乱したり、失敗を喜ぶようなことはしない。応援団は指揮者の統制に服し、秩序正しく気品ある行動をとる。（後編　第二十五章・一〇）

外国人に接するには、常に日本国民たるの矜持《きょうじ》〔誇り〕を保ち、徒《いたずら》に尊大に陥ったり、卑下したりしてはならない。（後編　第二十六章・二）

男女の間では、互に人格を尊び、品位を重んじ、左の諸点に注意する。

1、なれなれしい言語・動作を避ける。
2、文通にはなるべく葉書を用いる。またその用語に気をつける。
3、特に話題に気をつける。
4、監督者なくして散歩・遠足などをすることは避ける。（後編　第二十六章・五）

（文部省制定　九華会編『解説　礼法要項』より）

項目のなかには当時の時代背景が強く反映されているものも多く、非常に興味深いところです。とくに、長幼の序《ちょうようじょ》（年長者と年少者との間の秩序）、男女の別といった、古くから伝えられている規範に基づく項目が目につきます。「狭い廊下などで長上に行逢ったときは、左側によけてとどまり、会釈して通過を待つ」、「女子が一人でいる室には、男子は、近親の者以外は、はいってはならない。用事は室外で弁ずる」といった記述がその一例です。また、「（男女の間では）文通にはなるべく葉書を用いる。またその用語に気をつける」といった項目も、当時の日本を映し出していると言えるでしょう。

一方で、今日でも通用するごく当たり前の項目も多く含まれています。「人の目につく所で化粧をしたり、服装をなおしたりしてはいけない」、「濫りに草木などに手を触れないことは勿論《もちろん》、紙屑・たべ殻の類は必ず屑箱に入れ、公園の風致《ふうち》を害さないようにする」という記述は先の章で言及した通りです。

また、「講演会、演説会等では中途で立ったり、談笑したりして、人の妨《さまたげ》をしてはならない」、

「病院では、出来るだけ静かにして、人に迷惑を及ぼさないようにする」などは、今でも守れない人がたくさんいます。おしゃべりをするのは人の性《さが》であるとも言えます。時代を問わず、おしゃべりで周囲に迷惑をかける人は絶えないようです。そのほか、「言語は出来るだけ標準語を用いる」といった、今日の基準で考えると議論を呼びそうな項目も見られます。

各項目に関する賛否はともかく、具体的な言葉で書かれた「すべきこと」、「してはいけないこと」からは、当時の日本人が「できていなかったこと」、「していたこと」が浮き彫りになってきます。その観点で各項目を読んでいくと、程度の大小はあるにせよ、当時の人々がどんなことをしていたのかが想像できるのではないでしょうか。

社会規範は、それがつくられた時代を色濃く映し出します。そうした意味において、『礼法要項』は戦前の人々の生活実態を知るうえで非常に参考になる資料であると言えます。

終 章

道徳の崩壊は いつはじまったのか?

京都市電・北野線「北野天満宮前」付近〔昭和初期頃〕(梅寿堂茶舗提供)

日本では徳川時代にもその前の時代にも、特有の礼法が武士の社会にも町人の社会にも規定されていて、それを破るものは擯斥《ひんせき》〔しりぞけること〕されていたらしかったが、維新後には次第に古い風習が廃《すた》れて、新しい行儀作法は整わず、私などは不行儀無作法御免の時代に成長したような有様であった。自由気儘《きまま》でよかったようなものの、皆んながそういう風では、世の中が乱雑で殺風景で、社会生活が快くないのであろう。虚儀虚礼も社会を和やかにするに必要なのであろうか。（讀賣新聞・一九三八年六月一一日）

右記は、作家の正宗白鳥《まさむねはくちょう》（一八七九〜一九六二）の言葉です。江戸時代までの日本社会には礼法が整っていたが、明治に入ってそれが廃《すた》れてしまった。彼は一九三八（昭和一三）年にそう述べています。また、ジャーナリストの長谷川如是閑《はせがわにょぜかん》も同じころ、日本人のしつけに関して次のように語っています。

維新前までの日本の教育で大いに重視されたもので、明治後全く無視されないまでも、極めて軽視されたのは「躾《しつけ》」の教育である。徳川時代の藩学、すなわち各藩の武士の学校には、必ずそれが一科をなしていたが、明治後は僅《わず》かに女子教育の片隅に残され、その語も「作法」と改められた。〔中略〕今の教育では、個人としての、国民としての目的意識は与えられ何を企図し、何をなすべきかは教えられているが「いかなる「躾」によってなすべきか」が教えられない。（讀賣新聞・一九四〇年四月五日付）

今日、戦後の教育改革によって道徳、社会規範が十分教えられなくなったという声があります。そのため、戦後の日本人の道徳心は低下していったという意見です。本書の冒頭で紹介した政治家の方々の言葉がまさにそれに当たります。一方、上記の二人は、明治期に入ってから礼儀作法・しつけが軽視されるようになったと述べています。

これらの話を乱暴にまとめてしまうと、明治維新を境に礼儀・しつけが廃れはじめ、戦後その傾向がさらに強くなり、そして現在、日本人の道徳は遂に地に落ちた……ということになります。果たして、日本人の道徳は明治維新以降一貫して低下し続けているのでしょうか？　いえ、決してそんなことはありません。すでに見てきたように、戦前の日本人よりも、むしろ今日の日本人のほうが道徳心が高いと言ってもまちがいないくらいです。

上記の二人が挙げている徳川時代以前の人々の道徳が、いかなるレベルであったかはここでは深く言及しません。ただ、明治維新という時代の転換期が、日本人の道徳においても、大きなターニングポイントであったことだけはまちがいないでしょう。

江戸から明治に変わる過程における日本社会の状況については、当時日本を訪れた外国人らの記述からも知ることができます。彼らは、欧米とは異なる日本の文化・風習について驚きをもって書き記しています。

彼らの作品の多くで、日本人・日本社会は肯定的に描かれ、欧米社会にはないよさが見いだされています。なかには、「野蛮」、「破廉恥」、「不道徳」といった言葉を使った否定的な描写も見られるものの、全般的に見れば好意的な見解が多いと言えるでしょう。もちろん、出身国、滞在期間、訪問地などによって印象が異なるため、一面的と思われる描写や偏見にとらわれた記述も少なくありません。それでも、客観的な視点から描かれた日本の姿は、内側にいる人間には気付かないさまざまな事象を知らせてくれます。

彼らの記述でおおむね一致しているのが、日本人は「きれい好き」、「礼儀正しい」といった点です。たとえば、エドワード・S・モースは、著書のなかで日本人について次のように記しています。

日本人の清潔さは驚く程である。家は清潔で木の床は磨き込まれ、周囲は奇麗に掃き清められている〔以下略〕（モース『日本その日その日1』五五ページ）

日本人が丁寧であることを物語る最も力強い事実は、最高階級から最低階級にいたる迄《まで》、すべての人人がいずれも行儀がいいということである。（同書、一七一ページ）

彼らは、欧米では見られない習慣への称賛とともに、近代化の過程で欧米が失ったものに対する追慕《ついぼ》の気持ちを込め、日本社会を描いています。ただし、こうした記述から、当時の日本人の道徳心が高かったと判断するのは早計です。

日本人が古くから受け継いできたとされる道徳は、いわゆる「五倫五常《ごりんごじょう》」に集約されます。「五倫」とは、父子の親、君臣の義、夫婦の別、長幼の序、朋友の信のことであり、「五常」とは、仁、義、礼、智、信です。この五倫五常の教えが守るべき道徳とされ、日本人の日常における礼儀作法につながっていきます。

ただ、ここで示されているのはあくまでもウチに向けての道徳、すなわち私的な場における道徳なのです。基本的に、身内や仲間、知人が対象です。ソトに向けての道徳、赤の他人に対する道徳はここに含まれていません。つまり、街中ですれ違う人、外出先で出会う見ず知らずの人、たまたま同じ場所に居合わせた人は、ここでいう道徳を心掛けるべき相手の対象外なのです。

先の記述のように、外国人が称賛した日本人の美徳の多くは、ウチに向けての道徳に相当します。あくまでも、ウチの人に対する礼儀正しさ、ウチの中でのきれい好きなのです。道徳に背くことから生じる「恥」という感覚も、ウチの人に対して抱かれるものです。「旅の恥はかき捨て」という諺《ことわざ》は、ソトに対する道徳に無頓着だった当時の慣習の一端を示すものと言えるでしょう。

ただし、これまで述べてきたように、身内への虐待や殺害など、ウチに向けての不道徳があったことも事実です。古くから受け継がれてきた道徳が、必ずしも遵守されていたというわけではありません。また、外国人などソトの人間に対して親切に振る舞う人がいたという事実もあります。ウチとソトについて、客観的に明確な線引きができるわけではないことも言い添えておきます。

概して、前近代社会（江戸時代以前）では、ウチ向きの道徳だけでも社会秩序を保つことができました。しかし近代化とともに、ソトに向けての道徳、すなわち公衆道徳が強く求められるようになります。

明治に入り、日本は急速に近代化の道を歩みはじめます。近代化は、日本人にもともと乏しかった公衆道徳・公共心の欠如を表面化させるという副作用をもたらしました。公私の厳格な区別が求められる近代社会において、公共性を欠く振る舞いは明確に「不道徳」と見なされ、事によっては違法行為として取り締まりの対象とされていきます。身内や知人、仲間に対して道徳的である一方で、見ず知らずの他人に対しては不道徳であることを厭《いと》わない習性も、とくに不特定多数の人間が入り乱れる都会ではマイナス要素として浮き彫りになっていきました。

先に紹介した「違式詿違条例《いしきかいいじょうれい》」を見ても分かるように、裸体での外出、公衆浴場における混浴など、それまで容認されていた古い習慣は禁止されました。川にゴミを捨てる、他人の荷物からモノを抜き取るといった、以前は厳しく取り締りがなされていなかった習慣に対しても厳格に法の網が被せられます。また、子どもや老人の虐待、その他社会秩序を乱す行為に対して法律による明確な線引きがなされ、違反した者に処罰が下されるようになっていきました。

日本は、西欧諸国が長い年月をかけて築いてきた近代的な社会秩序を、わずかな期間で構築しようとしました。その劇的な近代化の流れのなかで、当然ながら古い社会秩序との間にせめぎあいが生じてきます。近代的な法整備がなされていくなかで、庶民がその法にスムーズに対応、従属していったという単純な図式が描けないことは言うまでもありません。法律の制定、それに基づく取り締まり、さらには学校教育などを通じて新たな社会秩序の周知徹底が図られる一方で、それを拒絶する者も少なからず存在しました。

近代に入って古い社会秩序はことごとく否定されていきましたが、それまであった社会秩序も長い歴史のなかで培われてきたものであり、なんらかの合理的な理由があって習慣化していったものです。分かりやすい例で言うと、街中を裸で歩くという行為も、暑さをしのぐという当然とも言える理由があって行われていたわけです。

それに対して近代の社会秩序は、「風紀を乱す」といった理由でこうした習慣を否定します。それまで日常的に行っていた習慣に対して合理的な存在理由を認識していた人々にとって、新たな社会秩序は押し付け以外の何ものでもありません。その軋轢《あつれき》のもと、近代的な社会秩序が根付くまでには多くの時間を必要としました。

こうして、戦前の日本社会では、「不道徳」と見なされる行為が各所で見られるようになりました。しかし同時に、その光景を目《ま》のあたりにした多くの人たちが、改善の必要性を訴えて行動してきました。新たな社会秩序が定着するまでの過渡期において、人々はいかに社会を改良していくべきか、いかに庶民の道徳心を高めていくかを絶えず模索していたのです。そして、庶民に対する啓発を進めると同時に、法律、教育制度、環境衛生、社会インフラなど、種々の面においてより良い社会づくりを目指してシステム整備を行ってきました。それらの取り組みが戦前から戦後に至るまで続けられた結果として、今日の日本があるのです。

無論、取り組みが続けられてきたといっても、現在の日本人がみな道徳的に高いレベルに達しているとは言えません。残念ながら、秩序を乱す人はいつの世にも存在します。また、日本社会が常によい方向へ一直線に進んできたというわけでもありません。時代が進展・変化するなか、ある問題が解決される一方で別の新たな課題が次々と出現し、社会の進歩・発展の前に立ちはだかるといったように、さまざまな紆余曲折《うよきょくせつ》を繰り返しながら秩序は高められてきたのです。

　そうした先人たちの努力によって、今日の社会秩序が築かれたということを忘れてはなりません。「時代が進むにつれて、日本人の道徳心は低下していった」などと、一概に今の日本人を否定的にとらえることは、先人たちが積み重ねてきた努力に対する冒涜《ぼうとく》にあたるとも言えます。

　二〇一一年の東日本大震災に際し、日本人の冷静に行動する姿、マナー・モラルの高さは世界中で称賛の的となりました。非常時においてもパニックを起こさず、みんなが助け合い、譲り合う気持ちをもち続けている。商店への襲撃、物資の略奪、あるいは暴動といった事態が起きない。日本人にとっては当たり前の行動が、外国人の目には驚きに値する光景に映ったようです。

　一部にそうした称賛を裏切るような行為もあったとはいえ、概して秩序を重んじる今日の日本人は、世界的に見ても特異な存在であると見なすことができます。これこそ、日本人が近代化のなかで地道に道徳水準を高めてきた成果と言えるのではないでしょうか。

　日本人のマナー・モラルは、その低さによって数々の大問題が露呈していた戦前に比べ、格段に高まっていることはまちがいないでしょう。この点において、「昔はよかった」という認識はまったく説得力をもちません。繰り返しになりますが、現在の基準で考えれば、「戦前を生きた人々よりも、今の人たちのほうがむしろ高い道徳心を身につけている」とはっきり言うことができるのです。

あとがきにかえて

何事も、古き世のみぞ慕はしき。今様は、無下《むげ》にいやしくこそなりゆくめれ――

『徒然草』の一節です。現代語に訳すと、「何事につけても、古い世ばかりが慕わしく感じられる。今風のものは、ひどく下品になっていくようだ」となります。一四世紀ごろに書かれたとされるこの作品にも、今を否定し、昔を懐かしむ気持ちが描かれています。数百年を経た時代を生きる現代人にも、同じような考え方は引き継がれているようです。

人は、時代の変遷のなかで失われたものに対して強い思い入れを抱きます。戦前の日本には、近代化される前の世の中を懐かしむ人がいました。そして、今日の日本には戦前を「古きよき時代」ととらえる人がいます。しかし、そこで想起される時代像は、必ずしも当時の実情に即した社会の姿ではありません。

過去を美化し、今を悪くとらえる見解のなかには、根拠の薄い印象論が数多く見られます。多くの場合、それは新しい社会秩序を育むために生み出された制度・システムと、それをもとに想起されたイメージにすぎません。たとえば、戦前は教育勅語や修身科があったから人々は高い道徳心を備えており、社会秩序が保たれていたという幻想です。

戦前の日本については、実際に当時の社会を目にした人が今も多くいらっしゃいます。そうした人たちの証言が、歴史を知るうえで貴重な資料となることはまちがいありません。それは実際に現場を目撃した「事実」であるがゆえに強い説得力をもっています。

しかし、そこには落とし穴があります。残念ながら、一人の人間がじかに認識できる世界はごくかぎられたものでしかありません。過去の出来事は、見た人の立場、視点によって大きく印象が変わります。その当時目にした事柄は、あくまでも一個人の立場で、ある一側面をとらえた「事実」でしかないのです。自分の目で見て耳で聞いたことが、あたかもその時代の全体像をとらえたものであるかのごとく錯覚しているケースは少なくないのです。

一個人の記憶、あるいはその証言をもとにつくられた印象から「昔はよかった」と語られることが往々にしてあるわけですが、個人的な思いとして、そうした言葉を発することはもちろん否定されるものではありません。また、しつけや教育の場で、「昔はよかった」という神話が規範としての役割をもつことも否定できません。しかしながら、「昔はよかった」という幻想に基づいて歴史の全体像を規定する、ましてや政治や教育の場において、その「古きよき時代」への回帰を目指そうという考えは避けねばなりません。

歴史や伝統から何かを学ぼうと努めることは大切です。しかし、その前にまず過去の事実を正確に、より客観的に、より多角的に把握する必要があります。歴史は、断片的な情報・史料を集め、それらをつなぎ合わせることで全体像が描かれていきます。一個人の経験というわずかな断片から描き出された「歴史」は、多くの場合ファンタジーの域を脱しません。

昔のよかった面だけでなく、悪かった面にも冷静に目を向け、先人たちがその悪い部分とどう向き合い、何を試みてきたのかを見極めることも重要です。そうした物事を複眼的にとらえようとする姿勢こそが、本当の意味で歴史から学ぶというに値するのではないでしょうか。一面的な歴史認識、恣意的な歴史解釈は、社会を誤った方向へ導く危険性を秘めています。

本書の執筆に際しても、こうしたことを念頭に、できるだけ幅広く、より客観的に史料と向き合ってきました。しかし、必ずしも十分とは言えません。見落としている事実、描き切れていない事柄も多々あるでしょう。その点も踏まえつつ、本書で紹介した個々の歴史的「事実」を通して、戦前の日本社会をイメージしてみてください。同時に、そこから現在の日本をとらえる一つの視点を見いだしていただければ幸いです。


ところで、本書を執筆している二〇一三年夏、飲食店で悪ふざけをした写真をインターネット上に公開し、社会問題となる出来事が立て続けに起きました。コンビニエンスストアの従業員が冷凍庫に入る、ハンバーガー店の従業員が大量のパンの上に寝そべる、ピザ店の従業員がピザ生地を顔に張り付ける……。こういった衛生的にも問題のある行為が撮影、投稿され、画像が瞬く間に拡散して炎上を引き起こしました。その結果、問題の起きた店のなかには、従業員の解雇にとどまらず、閉店に追い込まれたケースもあります。いつものことながら、これらの出来事に対して、若者の「モラルの低下」を嘆く声も多々挙がっています。

たしかに、SNS(ソーシャル・ネットワーキング・サービス)の利用によってトラブルが拡大した点については、昔なら起こりえなかった現代特有の現象ととらえることができるでしょう。しかし、言うまでもなく、こうした悪ふざけは戦前にも見られました。目立ちたい、仲間にウケたいといった安易な動機で愚行に走る。自分のとった行動が周りの人間の目にどう映るのかが想像できない。その行為が社会的にどんな結果を招くのかが予測できない。そして、それを見た者が同じような悪ふざけをする。本書で紹介してきた戦前の事例からも分かるように、道徳に反する行為そのものは昔も今も本質的には変わっていません。今起きている出来事を把握するうえで、この点はふまえておきたいところです。

また、この事例とは直接関係ありませんが、現在安倍晋三内閣のもとで、道徳の教科化に向けた検討が進められています。いじめ問題への対策が主眼とされていますが、いじめに限らず道徳心を高めるために教科化は不可欠とする意見も挙がっているようです。とはいえ、果たしてこれは本当に有効な施策なのでしょうか。すでに見てきたように、戦前の日本の学校教育には「修身」という教科がありました。ただ、それが本当に人々の道徳心向上に寄与したかどうかは述べてきた通りです。

道徳教育の重要性は、決して否定されるべきものではありません。しかし、これに過度の期待を寄せるのは禁物です。社会の秩序は教育によってのみ高められるのではありません。さまざまな制度やシステム、環境を整えることによって構築されていくのです。教育が担うことのできる役割はかぎられています。いじめの問題にせよ、先に挙げたようなマナー・モラルに関する問題にせよ、道徳教育によって解決を目指そうとする動きは、必ずしも適切だとは言えないのです。

本書の執筆に際し、株式会社新評論の武市一幸さんには、内容について多くのアドバイスをいただくなど、完成に至るまで大変お世話になりました。また、スタッフの皆様には、本書掲載の写真撮影などでご尽力いただきました。この場を借りて厚く御礼申し上げます。

二〇一三年八月

大倉幸宏

参考文献一覧

書籍・雑誌

・青木保他編『近代日本の文化論6』岩波書店、二〇〇〇年。
・有地亨・植木とみ子『日本の家族 身の上相談に見る夫婦、百年の変遷』海鳥社、二〇〇八年。
・伊賀駒吉朗「新市民道徳に就ての卑見」〈大大阪〉一七巻五号、一九四一年五月。
・井上哲次郎『我が国体と国民道徳』廣文堂書店、一九二五年。
・井上寿一『戦前昭和の社会 一九二六〜一九四五』講談社、二〇一一年。
・石井寛治編『近代日本流通史』東京堂出版、二〇〇五年。
・石田善佐『狸の皮』高田日報社、一九二五年。
・逸見磯七・中山源八郎編『教師生徒必携 小学作法書』高崎書肆、一八九〇年。
・井村圭壯『日本の養老院史』学文社、二〇〇五年。
・岩瀬彰『「月給百円」サラリーマン 戦前日本の「平和」な生活』講談社、二〇〇六年。
・岩本俊郎・浪本勝年『現代日本の教師を考える』北樹出版、二〇〇八年。
・A・V・ヴィシェスラフツォフ／長島要一訳『ロシア艦隊幕末来訪記』新人物往来社、一九九〇年。
・大阪ロータリー倶楽部『公衆道徳に関する調査蒐録』一九三六年。
・S・オズボーン／島田ゆり子訳『日本への航海』雄松堂出版、二〇〇二年。
・鹿野政直『戦前・「家」の思想』創文社、一九八三年。

・鹿野政直『健康観にみる近代』朝日新聞社、二〇〇一年。
・川村邦光『〈民俗の知〉の系譜』昭和堂、二〇〇〇年。
・管賀江留郎『戦前の少年犯罪』築地書館、二〇〇七年。
・紀田順一郎『東京の下層社会』筑摩書房、二〇〇〇年。
・W・グリフィス／山下英一訳『明治日本体験記』平凡社、一九八四年。
・警察思潮社編集局編『捜査資料 犯罪実話集』松華堂、一九三二年。
・後藤敏夫『子どもをめぐる村の道徳』明治図書出版、一九五九年。
・D・コバルビアス／大垣貴志郎・坂東省次訳『日本旅行記』雄松堂出版、一九八三年。
・阪谷芳郎『東京市民読本』冨山房、一九一七年。
・櫻田純『最新 歴史でひも解く鉄道の謎』東京書籍、二〇〇九年。
・佐藤政孝『東京の近代図書館史』新風舎、一九九八年。
・沢和哉『日本の鉄道ことはじめ』築地書館、一九九六年。
・K・サンソム／大久保美香訳『東京に暮す 一九二八―一九三六』岩波書店、一九九四年。
・塩見鮮一郎『貧民の帝都』文藝春秋、二〇〇八年。
・渋沢栄一『経済と道徳』渋沢翁頌徳会、一九三八年。
・清水勝嘉『昭和戦前期日本公衆衛生史』不二出版、一九九一年。
・鈴木梅四郎『医業国営論』実業生活社出版部、一九二八年。
・G・スミス／宮永孝訳『日本における十週間』雄松堂出版、二〇〇三年。
・祖田浩一『標語・スローガンの事典』東京堂出版、一九九九年。
・高木正孝『日本人の生活心理』創元社、一九五四年。

・高橋哲哉『教育と国家』講談社、二〇〇四年。
・竹内寿安『人民心得違式詿違条例』憲章堂、一八七六年。
・大日本国民修養会編『新時代の人間修養』日本書院、一九二五年。
・武田知弘『教科書には載っていない！戦前の日本』彩図社、二〇〇九年。
・B・H・チェンバレン／高梨健吉訳『日本事物誌1・2』平凡社、一九七六年。
・鉄道院「鉄道から家庭へ」一九一九年
・鉄道省編『汽車時刻表』第六十七（昭和五年十月）号、日本旅行協会、一九三〇年。
・(財)東京市政調査会『小市民は東京市に何を希望しているか』一九二六年。
・東京府中等学校保導協会「交通道徳訓話資料」一九四一年。
・鳥羽美香「戦前の養老院における入所者処遇　救護法施行下の実践を中心に」『文京学院大学人間学部研究紀要』一一巻一一、二〇〇九年一二月。
・中江克己『江戸の躾と子育て』祥伝社、二〇〇七年。
・生江孝之『児童と社会』児童保護研究会、一九二三年。
・浪本勝年他編『史料 道徳教育を考える』北樹出版、二〇〇六年。
・成田龍一『大正デモクラシー』岩波書店、二〇〇七年。
・成沢光『現代日本の社会秩序 歴史的起源を求めて』岩波書店、二〇一一年。
・西山哲治『教育問題 子供の権利』南光社、一九一八年。
・西山哲治『悪教育の研究』弘学館、一九一三年。
・日本下水文化研究会屎尿研究分科会『トイレ考・屎尿考』技報堂出版、二〇〇三年。
・丹生美恵子「日本における児童虐待の歴史的背景」『仏教大学教育学部学会紀要』六号、二〇〇七年。

・C・ネット、G・ワグナー／高山洋吉訳『日本のユーモア』刀江書院、一九七一年。
・広田照幸『日本人のしつけは衰退したか』講談社、二〇〇七年。
・藤田昌士『学校教育と愛国心』学習の友社、二〇〇八年。
・藤原九十郎「市内河川の汚染度に就て 鼻をつく大都会の悪臭」〈大大阪〉一〇巻五号、一九三四年五月。
・G・ブスケ／野田良之・久野桂一郎訳『日本見聞記1　フランス人の見た明治初年の日本』みすず書房、一九七八年。
・M・フレイザー／横山俊夫訳『英国公使夫人の見た明治日本』淡交社、一九八八年。
・A・ベルソール／大久保昭男訳『明治滞在日記』新人物往来者社、一九八九年。
・C・P・ホジソン／多田實訳『長崎函館滞在記』雄松堂出版、一九八四年。
・帆足みゆき『現代婦人の使命』新生堂、一九二九年。
・堀口九萬一『世界と世界人』第一書房、一九三六年。
・堀之内恒夫『国民学校 修身教育の根本精神』目黒書店、一九四一年。
・元田作之進『善悪長短日本人心の解剖』広文堂書店、一九一六年。
・増田義一『大国民の根抵』実業之日本社、一九二〇年。
・丸山宏『近代日本公園史の研究』思文閣出版、一九九四年。
・村嶋歸之『大正・昭和の風俗批評と社会探訪3』柏書房、二〇〇四年。
・村嶋歸之『大正・昭和の風俗批評と社会探訪5』柏書房、二〇〇五年。
・松縄信太「度量衡の統一問題に就て」〈機械学会誌〉第四〇巻二四八号、一九三七年一二月。
・宮本常一『村の若者たち〈復刻版〉』家の光協会、二〇〇四年。
・宮本常一他『日本残酷物語1 貧しき人々のむれ』平凡社、一九九五年。

・村井弦斎『人情論』実業之日本社、一九一二年。
・L・I・メーチニコフ／渡辺雅司訳『回想の明治維新　ロシア人革命家の手記』岩波書店、一九八七年。
・E・S・モース／石川欣一訳『日本その日その日1・2』平凡社、一九七〇年。
・百瀬孝『事典　昭和戦前期の日本　制度と実態』吉川弘文館、一九九〇年。
・百瀬孝『戦前の日本を知っていますか？』はまの出版、二〇〇七年。
・百瀬響『文明開化　失われた風俗』吉川弘文館、二〇〇八年。
・J・モリス／鈴木理恵子訳『ジョン・モリスの戦中ニッポン滞在記』小学館、一九九七年。
・文部省制定　九華会編『解説　礼法要項』文淵閣、一九四一年。
・山崎達雄『洛中塵捨場今昔』臨川書店、一九九九年。
・山中恒『昔ガヨカッタハズガナイ　ボクラ少国民のトラウマ』勁草書房、二〇一一年。
・山本作兵衛『新装版　炭鉱に生きる』講談社、二〇一一年。
・湯沢雍彦編『昭和前期の家族問題』ミネルヴァ書房、二〇一〇年。
・湯沢雍彦編『大正期の家庭生活』クレス出版、二〇〇八年。
・湯沢雍彦編『大正期の家族問題』ミネルヴァ書房、二〇一〇年。
・湯沢雍彦他『百年前の家庭生活』クレス出版、二〇〇六年。
・吉岡彌生『女性の出発』至玄社、一九四一年。
・讀賣新聞社編『公徳養成之実例』岩陽堂、一九一二年。
・脇田晴子・S・B・ハンレー編『ジェンダーの日本史・上』東京大学出版会、一九九四年。
・綿枝豊昭・陶智子『絵で見る明治・大正・礼儀作法事典』柏書房、二〇〇七年。
・渡辺京二『逝きし世の面影』平凡社、二〇〇五年。

・綿引まき「私の受けた戦前の教育――心に刻みつけられた国定教科書」〈教育〉一九八九年二月。

新聞

秋田魁新報、大阪毎日新聞、岐阜日日新聞、時事新報、新愛知、中外商業新報、東京朝日新聞、東京日日新聞、報知新聞、北國新聞、都新聞、横浜貿易新報、讀賣新聞、琉球新報

・明治大正昭和新聞研究会編『新聞集成 昭和編年史』新聞資料出版、一九五四年。
・明治大正昭和新聞研究会編『新聞集成 大正編年史』新聞資料出版、一九六九年。
・入江徳郎他編『新聞集成昭和史の証言』本邦書籍、一九八三年。
・昭和ニュース事典編纂委員会編『昭和ニュース事典』毎日コミュニケーションズ、一九九〇年。
・大正ニュース事典編纂委員会編『大正ニュース事典』毎日コミュニケーションズ、一九八六年。
・明治ニュース事典編纂委員会編『明治ニュース事典』毎日コミュニケーションズ、一九八三年。

ウェブサイト

国会会議録検索システム http://kokkai.ndl.go.jp
厚生労働省 http://www.mhlw.go.jp
文部科学省 http://www.mext.go.jp

その他

厚生労働省「人口動態統計」

著者紹介

大倉幸宏（おおくら・ゆきひろ）
1972年、愛知県生まれ。新聞社、広告制作会社勤務等を経てフリーランスのコピーライターに。広告媒体を中心に、幅広い分野で執筆活動を行う。著書に『レイラ・ザーナ―クルド人女性国会議員の闘い―』〔共編〕（2006年、新泉社）。

「昔はよかった」と言うけれど
―戦前のマナー・モラルから考える―

2013年10月15日　初版第1刷発行

著者　大倉幸宏
発行者　武市一幸

発行所　株式会社　新評論

〒169-0051
東京都新宿区西早稲田3-16-28
http://www.shinhyoron.co.jp

電話　03(3202)7391
FAX　03(3202)5832
振替・00160-1-113487

落丁・乱丁はお取り替えします。
定価はカバーに表示してあります。

印刷　フォレスト
製本　中永製本所
装丁　山田英春

©大倉幸宏　2013年

Printed in Japan
ISBN978-4-7948-0954-4

JCOPY <(社)出版者著作権管理機構 委託出版物>
本書の無断複写は著作権法上での例外を除き禁じられています。複写される場合は、そのつど事前に、(社)出版者著作権管理機構（電話 03-3513-6969、FAX 03-3513-6979、e-mail: info@jcopy.or.jp）の許諾を得てください。

新評論　好評既刊

A.リンドクウィスト＆J.ウェステル／川上邦夫 訳

あなた自身の社会

スウェーデンの中学教科書

「社会」の正の面も負の面も包み隠さず子どもたちに伝える、
世界最良の社会科テキスト。
皇太子激賞（2005 年誕生日会見）の詩「子ども」収録！
［A5 並製　228 頁　2310 円　ISBN4-7948-0291-9］

S.ボーリシュ／難波克彰 監修／福井信子 監訳

生者の国

デンマークに学ぶ全員参加の社会

「知識は力なり」——故いのうえひさし氏も注目していた
デンマーク社会の民主性、自治性、環境対策の先進性などを
詳細に解明した画期的文化論！
［A5 並製　528 頁　5250 円　ISBN978-4-7948-0874-5］

＊表示価格はすべて消費税（5%）込みの定価です。